从现金看财报

|郭永清 著|

HOW TO READ CASH AND FINANCIAL REPORTS

机械工业出版社
CHINA MACHINE PRESS

本书源自上海国家会计学院内部培训讲义，书中的财报分析方法经过实践检验。全书共七章。第一章介绍现金在企业中的地位和作用，第二章介绍如何从现金看投资活动和筹资活动，第三章介绍如何从现金看资产与资本，第四章和第五章分析如何从现金看经营资产，包括长期经营资产和周转性经营投入，第六章分析如何从现金看营业收入、成本费用和利润，第七章分析如何从现金看经营活动和自由现金流。

阅读本书，在读财报的过程中，建立现金流量表观，学会从现金角度看财报，既有助于投资者做出更加合理的分析和决策，也有助于企业管理层更好地实现管理和会计的融合。

图书在版编目（CIP）数据

从现金看财报 / 郭永清著 . —北京：机械工业出版社，2023.10
ISBN 978-7-111-73993-7

Ⅰ.①从… Ⅱ.①郭… Ⅲ.①企业管理—现金管理
②企业管理—会计分析 Ⅳ.① F275

中国国家版本馆 CIP 数据核字（2023）第 187608 号

机械工业出版社（北京市百万庄大街 22 号 邮政编码 100037）
策划编辑：石美华　　　　　　　　　责任编辑：石美华　刘新艳
责任校对：郑　雪　刘雅娜　陈立辉　　责任印制：郜　敏
三河市国英印务有限公司印刷
2023 年 12 月第 1 版第 1 次印刷
170mm×230mm·16 印张·1 插页·194 千字
标准书号：ISBN 978-7-111-73993-7
定价：79.00 元

电话服务　　　　　　　　　　　　　网络服务
客服电话：010-88361066　　　　　　机 工 官 网：www.cmpbook.com
　　　　　010-88379833　　　　　　机 工 官 博：weibo.com/cmp1952
　　　　　010-68326294　　　　　　金 书 网：www.golden-book.com
封底无防伪标均为盗版　　　　　　机工教育服务网：www.cmpedu.com

学会从现金的角度看财报

财务报告是一个企业经营状况和财务结果的集大成者，可以帮助我们知过去、看现在、估未来。从商业语言的角度，即使财务报告存在着不尽如人意的种种缺陷，但依然是目前商业世界最美的商业语言——没有之一，而是唯一。

财务报表在历史演进过程中，曾经经历从"资产负债表观"到"利润表观"，然后又回到目前的"资产负债表观"，但是唯独没有"现金流量表观"。我个人认为，我们当前最需要的恰恰是"现金流量表观"。现金流量表与资产负债表和利润表相比，是最"年轻"的报表，正因为其年轻，表明其顺应了经济发展的需求。

社会变化的速度越来越快，万物互联，时间节奏加快，空间连接迅速。然而，在商业社会，不管如何变化，有一点是不变的，那就是企业和人类的追求：价值。只有产生足够多的价值，才能实现共同富裕；只有产生足够多的价值，才能消除贫困和实现人类物质财富的自由。

什么是价值呢？对于价值的定义，虽然众说纷纭，但是，财务学上的价值定义，从始至终都是非常明确的，即所有的财务书中定义的货币时间价值。在某一个时点，价值就是现金按照一定的利率（预期回报率）

计算到该时点的金额。通常，财务教科书中会把该时点放在现在或者未来的某一个时点，现在时点的价值简称为现值，未来时点的价值简称为终值。

按照财务学价值的定义，企业现在的价值，就是该企业在未来剩余寿命期限内创造和产生的现金按照投资者的预期回报率折现到今天的金额。

那么，价值的源泉是什么？财务上用现值公式或者终值公式计算价值，计算过程中用到的数据来自人类的劳动和创造，这就是价值的源泉。企业的价值源泉，是企业通过管理和经营活动创造现金的能力。

当今的会计学，分为财务会计和管理会计两大分支，虽然两者都必须以企业的经济活动为基础，但是财务会计以记录和报告经济活动的结果为主要职能，管理会计以参与经济活动的规划、决策、控制和评价的过程为主要职能。在具体工作中，财务会计以权责发生制为基础进行会计核算，管理会计以现金收付制为基础参与经济活动管理。财务会计以名义货币价值对经济活动过程中的收入和费用按照权责发生制进行确认和计量并形成对外报告，管理会计以货币时间价值将经济活动过程中流出和流入的现金按照贴现或者复利的方式统一计算到某一个时点，从而帮助我们做出决策和评价。

上面的论述有点学究气，简单讲就是，会计上算赚没赚钱，有两种方法，一种是《企业会计准则》中的简单算法，比如，收入减去成本费用，这种算法不考虑货币时间成本，只是简单地加减；另一种是企业管理人员的复杂算法，需要考虑货币时间成本，除了加减以外还要用到乘除。

举个例子：某企业 2022 年 6 月 1 日买入一批成本为 1 000 万元的商品，当天就用现金支付了全部价款；2023 年 6 月 1 日，该企业将这批商品以 1 300 万元的价格卖给了客户，并且该批商品为免税商品，无须缴纳任何税费。卖出当日，客户支付了 300 万元的现金，剩余 1 000 万元货款按照合同约定，在未来 1 年内支付，但是，该企业实际在未来 5 年内才收回剩余款项，每年 6 月 1 日收到 200 万元。请问在这笔交易中，该企业赚了多少钱？

财务会计是这么算账的：

2022 年 6 月 1 日买入的时候：借记"库存商品"1 000 万元，贷记"银行存款"1 000 万元；2023 年 6 月 1 日卖出的时候，借记"银行存款"300 万元，借记"应收账款"1 000 万元，贷记"营业收入"1 300 万元，同时结转成本借记"营业成本"1 000 万元，贷记"库存商品"1 000 万元。营业收入 1 300 万元和营业成本 1 000 万元之间的差额确认为 2022 年的利润 300 万元，也就是说，财务会计告诉我们 2023 年 6 月 1 日这笔交易赚了 300 万元。

管理会计是这么算账的：

首先要确定算账的时点，2023 年 6 月 1 日；然后要确定企业的货币时间成本，假定该企业的货币时间成本为 6%／年。那么，在 2023 年 6 月 1 日这一天，1 000 万元库存商品的成本，经过 1 年时间后，已经是 1 000 万元 +1 000 万元 ×6% =1 060 万元；2023 年 6 月 1 日收到现金 300 万元，剩下的 1 000 万元在未来 5 年的每年 6 月 1 日收到 200 万元，这 1 000 万元在 2023 年 6 月 1 日这一天的价值是 200 万元 /1.06+200 万元 /1.06^2+200 万元 /1.06^3+200 万元 /1.06^4+200 万元 /1.06^5 ≈ 842

万元，总共是 300 万元 +842 万元 =1 142 万元。在这笔交易中，2023 年 6 月 1 日收到的现金的价值 1 142 万元减去支付的现金的价值 1 060 万元，赚了 82 万元。

显然，大多数人都觉得第二种算法更加合理。那么，为什么财务会计不采用这种算法呢？其实，在财务会计中，有时候也会用到第二种算法，也就是《企业会计准则》中讲到的计量属性：现值。我们在某些情况下对企业经济活动所产生的价值可以采用现值来计算。比如，《企业会计准则第 8 号——资产减值》规定，可收回金额应当根据资产的公允价值减去处置费用后的净额与资产预计未来现金流量的现值两者之间较高者确定。不过，在财务会计中，这种算法并不占主要地位。

理想的财务会计，应当是能够与管理会计融合的财务会计，也就是现值财务会计。对于做投资决策来说，最重要而又最简单的问题就是：上市公司明年可以赚取多少现金，后年可以赚取多少现金，一直到未来可以赚取多少现金？如果我们知道这些数据，就可以直接算出上市公司股票的价值是多少，然后决定是否投资该公司。对于管理层做决策来说，如果知道投资项目的未来现金流出和现金流入，就可以结合公司的回报率要求判断是否投资该项目。然而，现实中，财务会计应用现值的时候很少。这是因为，现值财务会计的应用很难，涉及太多的假设和估计，比如，企业未来的货币时间成本是多少，企业未来的现金流入和现金流出的具体时点和具体金额是多少，等等。财务会计的算法和管理会计的算法不同，在一定程度上导致了会计数据和企业管理的脱节，但是目前来看，两者的统一还很难实现。

虽然当前的财报中，现值财务会计信息不多，财务会计和管理会计的融合难而无解，但是，对于投资者做决策、企业管理层做决策来说，现值将一直是其最重要的考量。因此，在看财报的过程中，建立现金流量表观，学会从现金角度看财报，将有助于投资者做出更加合理的分析和决策，也有助于企业管理层更好地实现管理和会计的融合。

对于财务知识零基础的读者来说，在看财报的时候要牢牢抓住核心问题：这个项目与现金是什么关系，企业的资产能够收回超过报表金额的现金吗，企业有足够的现金偿还债务吗，企业费用项目中花掉的现金能赚回来吗，利润收到现金了吗，等等。

对于上市公司的董监高和员工来说，在花公司的每一笔现金的时候，都需要扪心自问：这些现金花掉，能够赚回来更多的现金吗？我自己的贡献配得上公司给我的薪酬吗？比如，董事会在审议重大投资事项的时候，要判断投出去的现金能否收回来更多的现金；研发部门在研究、开发、设计产品和服务的时候，要判断这些产品和服务能否满足人们的需求，是不是可以收回超过研发投入的现金；采购部门在采购原材料的时候，要判断买进来的原材料能否生产出更值钱的产品并收回来更多的现金；生产制造部门在生产产品的时候，要判断生产出来的产品的增值部分是否超过生产制造成本，以及产品是否卖得出去并可以收回更多的现金；销售部门在销售商品的时候，要判断卖掉商品的收入是否超过成本以及能否收回更多的现金。当所有人员、所有部门都围绕现金思考问题的时候，整个公司就统一了思想，心往一处想，劲儿往一处使，能够更好地挖掘公司创造价值的潜力。

对于股权投资者来说，在投入现金买入股票的时候，需要问自己：股票的价值是否超过自己买入的价格？未来是不是可以用高于自己买入的价格卖出股票？对于债权投资者来说，在投入现金买入债券的时候或者发放贷款的时候，需要问自己：这个公司在未来是不是能够赚取足够的现金来支付利息和偿还本金？

世界上所有赚钱生意的不二法门是四个字：低买高卖（或低进高出）。企业创造价值的概括描述就是：投入现金——……——收回更多的现金。本书以经营型企业为例介绍如何从现金的角度看财报，但是，本书中的思维适用于任何企业，不同企业只是经济活动的具体形式存在着差异而已。

让我们从现金的视角，来重新看财报吧！

目 录

第一章

现金在企业中的地位和作用

本书对现金的定义不同于常见定义。本书的定义：现金是指一个企业为了开展经济活动而储备在手里的钱，包括现金、现金等价物和作为现金储备的金融资产。

企业创造价值的能力，体现为创造现金的能力。为什么同一行业相同规模的上市公司市盈率、市净率等相对指标不同？这是因为不同企业创造现金的能力不同。

所有的商业模式，用财务语言来描述，起点都是现金，终点是更多的现金，终点比起点多出的现金就是企业创造的增加价值。

现金池是企业经济活动的心脏，企业从外部获取现金后，在经济活动中，有现金流出，也有现金流入。当现金流入小于现金流出的时候，企业需要使用现金池储备或者进行外部筹资，才能维持其经济活动；当现金流入等于现金流出的时候，企业的现金池保持不变；当现金流入大于现金流出的时候，企业的现金池会增加储备，增加的现金可以用于企业的扩张或者给股东现金分红。企业通过非筹资活动创造的现金流入大于现金流出的时候，就是在增加价值，反之，则在毁损价值。

从会计学科发展的角度，最初没有财务会计、管理会计和公司理财这些现在分得很细的会计学科——算账是合在一起的，随着企业发展才逐渐分设不同学科，未来这些学科或许会实现融合，形成"合—分—合"的结果。

第一节　本书对现金的定义

现金常见的定义有两个：

现金的第一个定义，就是现钞。

现金的第二个定义是现金流量表里的现金，指企业库存现金、可以随时用于支付的存款以及现金等价物。现金等价物是指企业持有的期限短、流动性强、易于转换为已知金额现金、价值变动风险很小的投资。

本书对现金的定义不同于常见定义。本书的定义：现金是指一个企业为了开展经济活动而储备在手里的钱。持有现金本身不是目的，目的是在寻找到能够创造超额收益的非现金资产后，把现金资产转换为非现金资产，进而赚取更多的现金。那些把长期持有现金本身作为目的的公司，并不能为股东创造超过机会成本的收益，比如一直持有巨额现金资产做银行理财的公司，它们在某种程度上是在损害股东价值。在企业管理中，现金有多种具体表现形式，比如银行存款、理财资产、交易性金融资产等，但是它们只是穿上了现金的不同"马甲"。对于企业来说，持有这些现金类资产并非其目的和追求，企业的目的和追求是把这些现金类资产通过经营管理活动转换为非现金类资产以赚取更多的现金类资产。"现金类资产—非现金类资产—更多的现金类资产"是实体经营企业创造价值的基本模式。

按照我们的定义，现金相当于一个企业储备起来的钱，随时准备转换为更赚钱的非现金资产，只需要满足前述定义而无须拘泥于会计科目、报表项目，打个比方，就有点儿像人体内的脂肪，只需要满足脂肪的定义而无须拘泥于是腹部、腿部还是身体其他部位。

那么，现金一般会在哪里呢？

（1）货币资金，包括现钞的现金、银行存款、其他货币资金。

（2）交易性金融资产。虽然交易性金融资产不一定满足现金流量表中现金等价物的定义，但是，对于非金融机构来说，买入交易性金融资产并不是其主要经营业务，它们通常只是因为现金的收益率太低而希望通过买入交易性金融资产来提高现金的收益率而已。

（3）其他流动资产中的结构性存款、其他非流动资产中的定期存款（放弃部分利息收益即可随时动用）。

（4）变现能力强的其他债权投资、不具有战略意义只为了赚取增值收益的其他权益工具投资，也属于企业的现金资产。

（5）非房地产类的企业持有的投资性房地产，也属于现金资产。对于非房地产公司来说，购买投资性房地产的目的不是使用房地产，而是获得比银行利息高一点的收益，在有好的投资机会的时候就可以出售投资性房地产转换为其他更高收益的非现金资产。

总之，在想用现金的时候就能够转换为现金的资产，都可以视为穿了"马甲"的现金。在资产负债表中，现金资产具体的对应项目包括：货币资金、交易性金融资产、衍生金融资产、债权投资、其他债权投资、其他权益工具投资、其他流动资产或其他非流动资产中的委托贷款与定期存款等、其他非流动金融资产、划分为持有待售的资产（马上处置后收到现金）、投资性房地产、应收股利和应收利息（马上可以收到的现金）等。

第二节　商业模式的现金表述

有一段时间,"商业模式"这个词语特别流行,很多大学教授写了跟"商业模式"有关的论文,但是很少有人能够讲清楚什么是"商业模式"。百度百科里面"商业模式"词条下,解释里还有商业模式十要素模型,非常复杂。

我认为,商业模式就是要解释清楚通过什么途径或方式来赚钱,商业的本质就是赚钱,因此也可以说,商业模式就是赚钱模式。

赚钱模式,由"赚钱"和"模式"两个词语组成。我们首先要搞清楚这两个词语的意思,然后合起来解释"赚钱模式"。

模式,简单地讲,就是可以用来做事情的一个模子,也就是可以不断重复地做一模一样的事情的模子。赚钱模式,就是可以不断复制、不断重复地赚钱的方法、工具、技术。

那么,什么是"赚钱"呢?通常,在会计上,多数人认为"赚钱"体现为利润。这个认识是对的,但是不够全面、不够完整——为了解释这一点,我们需要了解一些会计基础知识。

一、利润是"唯心主义",现金是"唯物主义"

为了理解利润的局限性,我们需要掌握一些必备的会计知识。

在会计学中,会计四大假设多数时候被视为天经地义的。这四个假设包括:会计主体、持续经营、会计分期和货币计量。

会计主体的意思是:企业是一个独立的主体,算账的时候,不能跟个人或其他企业的账混到一起,比如,上市公司的账和钱不能与股东的账和钱混到一起。因此，大股东不能随意动用上市公司的钱，一旦随意动用，就触犯了法律法规。

持续经营是说企业在算账的时候，假设企业在明年、后年乃至更长的时间，会一直存在下去。正因为持续经营，所以我们才会假设企业的固定资产会通过使用实现其价值，并且在使用过程中计提折旧。如果我们在编报财报的时候就判断公司已经无法持续经营下去，那么，编制财务报表的时候就必须对所有的资产、负债采用清算方式进行计量。

因为持续经营，所以就有了后面的第三个假设：会计分期。一家公司要经营几十年甚至上百年，但是股东想知道这个月、这个季度、今年赚了多少钱。按照时间段来算账，就是会计分期。所有的事物都有两面性，会计分期的好处是可以帮助我们分析某一个期间的账，坏处是有些经济活动的财务影响跨期，在不同期间计算的时候存在着人为主观性甚至是恶意的操纵。

举个最常见的例子。企业在20×1年12月销售了一批总价5亿元、成本3亿元的产品，根据合同分期收款，第一期收款1亿元，那么，这5亿元的收入、3亿元的成本和2亿元的利润，是应该在20×1年确认还是应该按照收款进度确认？如果没有特殊情况，按照会计准则规定，应该在20×1年确认。但是，到了20×2年，客户突然出现意外情况陷入财务危机，剩下的4亿元无法收回，按照会计准则规定，这4亿元算账的时候是20×2年，应算成当年4亿元的损失。我们经常会看到某某公司财务爆雷的新闻，其实都是这些公司前期埋下的祸根在后期爆发，比如2021年上海电气财务爆雷、恒大爆雷，好多公司一年亏掉了前几年甚至前十几年的利润。直白地说，就是将前几年或前十几年加上2021年作为一个更长的会计期间算账，才能得出正确的结果，前几年甚至前十几年算账的结果都是不对的。看一个项目或者一家公司赚没赚钱，最准确的计算方法是：将从项目开始到项目彻底结束、从公司成立到公司彻底清算，作为一个完整的周期来计算结果。但是，这个方法的缺点是周期太长。就像判断一个人的好坏，不能看一时一事，而是要看其一生，正如白居易所写的诗："周公恐惧流言日，王莽谦恭未篡时。向使当初身便死，一生真伪复谁知？"要想得到对人、对事的全面认识，要从其整个历史去衡量、去判断，而不能只根据一时一事下结论，否则就会把周公当成篡权者，把王莽当成谦恭的君子。"路遥知马力，日久见人心"，好公司，是用时间来衡量的。

会计的第四个假设是货币计量。凡是不能用货币计量的东西，都无法进入报表，比如品牌、人才、销售渠道、发展前景、行业格局等。财务报表最大的优点是对所有报表项目货币化，而最大的缺点是很多值钱的东西无法进入报表。

上面铺垫了这么多，是为了说明一点：当前会计上的利润，是会计人员按照会计准则的要求，在持续经营和会计分期的前提下，进行估计后计算得出的结果，而不一定是真金白银。会计上利润估计和计算的基础是"权责发生制"，按照字面意思理解，就是按照权利和责任的时点来算账。

比如，企业以信用收款方式把商品卖给客户，在卖出的时候，虽然没有收到现金，但是取得了未来收款的权利，所以要在确认营业收入的同时确认应收账款，卖掉商品减少了存货同时增加了营业成本，营业收入和营业成本的差额就是这笔交易给企业带来的利润——但是这个利润只是计算的结果，现金并没有在计算的时点收到。万一客户赖账或者客户破产，应收账款收不回来，那么，不仅利润没了，生产产品投入的本金也没了，也就是说，企业不仅没赚钱，还亏了很多钱。

再比如，上面讲到的营业成本，也是估计的结果，生产过程中原材料的成本按照先进先出法、加权平均法等方法分配到产成品中，固定资产的折旧、无形资产的摊销等要先预计其使用年限和净残值，然后计提并分摊到不同的产品中，水电煤等制造费用则按照机器工时、人工工时等人为的标准进行分摊，最后，产成品的成本要在库存和售出之间进行分配——总之，成本实际上是一个企业不断分配计算后估算出来的结果。这种计算，有时候有因果关系，有时候则凭会计的主观判断。

因此，在一定程度上，我们可以说利润是"唯心主义"——从来没有人看到过利润长什么样子，它只存在于人们的计算过程中，存在于人们的脑海中。当我们说利润分配的时候，其实股东分配到手的是现金。

什么是赚钱呢？在经典的财务理论中，企业的价值是企业在剩余寿命期限内收到的现金按照一定的折现率（预期回报要求）折现到今天的金额。解释一下这句话，赚钱是指企业在投入现金以后收回更多的现金，多出的这部分现金就是赚到手的钱。现金才是看得到的、实实在在的钱——现金是"唯物主义"。

总而言之，在一定程度上，利润是"唯心主义"，现金是"唯物主义"。

二、用现金描述企业的商业模式

我们用现金来描述所有企业的商业模式。虽然每个企业具体做的事情不一样，但是从现金的角度，所有企业的商业模式具有相同的起点和相同的终点。所有商业模式的起点都是现金，终点则是更多的现金，此时商业模式才能成立。

对于商业银行来说，主要的利润来源于贷款业务，因此，商业银行的主要商业模式是"现金—贷款—更多的现金—更多的贷款—更更多的现金—……"，如此不断循环，就是银行不断发展壮大的过程。银行成立的时候，收到股东投入的实缴资本拿到现金，然后吸收居民和企业的存款拿到现金，接着发放贷款，到期收回本金和利息拿到更多的现金，完成了一个商业模式循环。银行有了更多的现金以后，发放更多的贷款，到期收回更多的利息和本金。银行的商业模式中，最大的风险在于贷款贷出去以后无法收回利息和本金，这个时候现金流循环就变成了"现金—贷款—无法回收导致更少的现金—继续贷款—无法回收导致更更少的现金——……"，最终导致银行无法持续经营而关门或者被接管。

房地产公司的商业模式是"现金—土地—房子—更多的现金—更多的土地—更多的房子—更更多的现金——……"。房地产公司成立的时候，收到股东投入的实缴资本拿到现金，然后到银行贷款融资拿到现金，接着以现金成立项目公司购买土地使用权并且以土地使用权到银行抵押融资，开发土地建房子的时候要求施工建筑企业垫资施工，房子达到预售条件的时候开始销售给购房者收取预售款，以预售款支付前述负债，再以赚到手的更多的现金去购买更多的土地使用权，进入下一个循环。上述商业模式中，房地产公司运用了非常高的财务杠杆和经营杠杆。比如，A 房地产公司成立的时候，股东投入实缴资本为银行存款 1 亿元，到银行 1 : 1 融资获得银行贷款 1 亿元，这个时候杠杆并不高，A 房地产公司有了 2 亿元；接着，A 房地产公司为了购买土地使用权成立了 Aa 项目公司和 Ab 项目公司，Aa 项目公司和 Ab 项目公司的实缴资本都是 1 亿元（合计 2 亿元），各自购买了价值 1 亿元的土地使用权后用土地使用权到银行抵押融资贷款 1 亿元（此时一共 4 亿元资金，股东投入 1 亿元，A 房地产公司债务融资 1 亿元，Aa 和 Ab 项目公司各债务融资 1 亿元，相当于财务杠杆 4 倍，有息债务率 75%）；开发过程中，大量占用施工建筑企业的资金和来自购房者的预售款，经营杠杆也很高。由于杠杆过高，房地产开发的周期比较长，一旦债务融资被大幅压缩，就非常容易出现资金链危机；同时，整个循环以房子能够卖给购房者收到预售款为核心，一旦房子去化速度下降，整个循环就会断掉。2020 年开始的大规模房地产爆雷，一方面是因为房地产公司债务融资的大幅压缩，另一方面是因为房地产市场需求下降导致房子去化速度大幅下降。未来，房地产公司的商业模式，最大的风险在于现金变成土地和房子后循环就断了，无法销售出去收回更多的现金。

制造业公司的商业模式是"现金—土地、厂房和设备 + 原材料 + 工人 + 水电煤—产品—更多的现金—更多的土地、厂房和设备 + 原材料 + 工人 + 水电煤—更多的产品—更更多的现金—……"。制造业公司成立的时候，收到股东投入的实缴资本拿到现金，同时可以到银行贷款拿到一部分现金，公司用这些现金购买土地使用权、建厂房、买机器设备，然后招聘工人、购买原材料，生产出来的产品销售出去以后，收回更多的现金，用于下一步的发展。如果公司无法收回更多的现金，那么，就无法更新变旧的机器设备、无法给股东现金分红、无法向银行支付利息，当然，发展壮大就更无从谈起。

高科技公司的商业模式是"现金—人才和研发—技术—产品和服务—更多的现金—……"。与一般企业不同的地方在于，高科技公司最主要的资产是人才，因此，其现金的大头花在了吸引优秀人才上面，利用人才发明的技术提供独特的产品和服务，赚回来更多的现金。高科技公司的股权激励和薪酬水平会明显高于其他公司，这一点很容易从我国的科创板公司与其他板块上市公司中看出来。当然，如果人才流失、研发失败，高科技公司将无法收回更多的现金，从而导致最终失败。

可能有些人会说，在新经济模式下，很多企业在创业阶段都是不断地烧钱。请记住，烧钱烧不出成功的商业模式，烧钱本质上是在投资未来——大把花钱以吸引顾客、吸引流量，或者进行前期的固定资产投入。今天烧钱，是为了明天、后天或者大后天收回更多的现金。如果今天把钱烧完了，明天、后天或者大后天无法收回更多的现金，那么，就是创业失败，商业模式不成立。

我们把"投入现金—业务循环—收回更多的现金"模式简称为现金流正循环。对于很多所谓的"商业模式"，其实无须下场试验，只要现金流正循环模式无法成立，该商业模式就无法成立。企业投入现金，必须能够收回更多的现金，这是衡量商业模式是否成立最重要的标尺。乐视网的现金流正循环不成立，所以最后爆雷；早期共享单车公司的现金流正循环不成立，所以最后关停歇业或者被收购。无数的案例，都说明了这一点。无论是羊毛出在猪身上还是牛身上，企业必须能够收回更多的现金，只有这样才能生存和发展壮大。

商业模式，最简单的描述就是：投入现金，如何收回更多的现金。各行各业所有成功商业模式的起点都是现金，终点是更多的现金。

第三节　现金池是"企业的心脏"

成功的商业模式，是投入现金后收回更多的现金，因此，现金池成为"企业的心脏"。我们根据企业的现金流循环情况，可以判断企业是否处于健康状态，是否在为投资者创造价值。我们需要充分理解企业的现金流循环过程。

企业的现金流循环如图1-1所示，图中用箭头的粗细来表示现金的多少，箭头粗则表示现金流多，箭头细则表示现金流少，箭头方向表示现金流的方向。

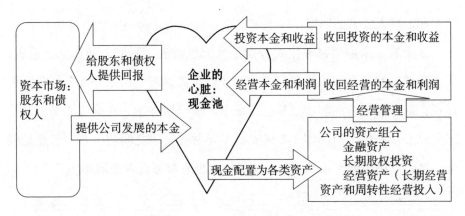

图 1-1 企业的现金流循环

虽然在企业的实际运作中，现金流情形比较复杂，但是，大的现金流脉络主要如下：

一是企业与股东和债权人之间的现金流，有进有出。现金进入企业的时候是股东和债权人提供公司发展的本金，现金流入企业的心脏；天下没有免费的午餐，现金流出企业的时候是企业给股东现金分红、向债权人归还本金并支付利息。股东和债权人将现金提供给公司，是希望能够获得超过初始本金的回报，长远来看，成功的公司给股东和债权人提供回报的现金将超过股东和债权人提供给公司的初始本金。

二是企业为了赚取更多的现金，需要将现金投出去转换成各类可以赚钱的资产，包括金融资产、长期股权投资和经营资产，此时，现金流出企业变成各类资产。企业通过经营管理，在保证本金安全的前提下，使金融资产赚取利息和增值收益、长期股权投资赚取股权现金分红、经营资产赚取经营活动的利润，从而收回更多的现金回到企业的心脏——现金池。对于实业经营型的企业来说，投资活动是现金流出企业，企业通过经营活动收回现金。企业用赚回来的现金，给股东和债权人提供回报。也就是说，股东和债权人收到的回报，应该来自企业赚的钱，而不应该来自其本金。

　　企业的三张主要财务报表分别是资产负债表、利润表和现金流量表，资产负债表和利润表中的项目都是企业现金流循环中的某一部分环节。可以说，资产负债表和利润表都是为现金流循环服务的，现金流才是企业管理的核心。我们可以用图 1-2 来表示不同财务报表之间的关系。起点是现金，终点也是现金而不是利润，才能构成企业财务管理的闭环。

图 1-2　以现金流为核心的财务报表体系

在图 1-2 中，公司成立募集现金（股权筹资和债务筹资）以后，现金流的第一个起点是根据公司的战略开展投资活动，把现金投出去，反映在现金流量表投资活动的现金流量中，主要是三个大的投向：一是长期经营资产，包括固定资产、在建工程、无形资产、开发支出、长期待摊费用、商誉（收购子公司的时候形成）等；二是长期股权投资；三是暂时没有长期投向的资金用于理财型投资形成的金融资产。

现金流的第二个起点是经营活动投入的现金。为了配套长期经营资产，公司通过采购（原材料）、生产（水电煤等制造支出和人工支出）等经营活动投入现金，当然同时也会通过利用经营环节的信用占用别人的一部分资金（采购原材料的应付账款、欠工人的应付职工薪酬等），以减少公司自身在经营环节的现金投入。这些现金需要循环周转投入，传统经典教科书称之为营运资本投入，为了避免资产方出现"资本"概念，我改称为"周转性经营投入"。

长期经营资产和周转性经营投入为公司带来营业收入，与营业收入匹配的是营业成本，营业收入扣除营业成本以及营业税费、销售费用、管理费用等经营活动的成本后，就是公司的息税前经营利润，营业收入要对应经营活动现金流量中的销售商品、提供劳务收到的现金，营业成本费用中需要支付现金的部分对应经营活动现金流量中的购买商品、接受劳务支付的现金以及支付给职工以及为职工支付的现金。

投入经营资产的现金，形成资产，转化为成本带来收入形成利润，但是终点在经营活动收回的现金。

投入长期股权投资的现金，形成长期股权投资带来股权投资收益，但是终点在收回投资收到的现金和取得投资收益收到的现金。

投入金融资产的现金，形成金融资产带来金融资产利润（比如短期投资收益、公允价值变动净收益等），但是终点在收回投资收到的现金和取得投资收益收到的现金。

我们可以把上面的话再简化一下：企业的本质就是炼金炉（见图 1-3 ），好的企业是"投入现金—企业炼金炉—更多的现金"，而差的企业则是"投入现金—企业炼金炉—没有现金或者更少的现金"，企业发展壮大的过程就是"现金—更多的现金—更更多的现金—……"。

图 1-3　企业的本质是炼金炉

第四节　会计的分分合合

最早的企业雏形，股东和老板是同一个人，也没有财务报告对外披露的说法，算账就是算给自己用的，理财也是自己理的，因此，不区分财务会计、管理会计和公司理财，这个时候现在分得很细的财务会计、管理会计、成本会计、公司理财（财务管理）都是合在一起的。这个时候的老板们算账，会下意识地运用原始的管理会计方法，将货币的时间成本考虑在内，比如莎士比亚戏剧中的那些商人。

发展到近现代的企业，股东和经理人分开，公司（经理人）需要向股东汇报财务报告，算账就必须要有一套算账的标准，不然不同的人使用不同的算法，财务报告就没办法用了，因此，经理人管理企业算账用管理会计，向股东汇报用财务会计，就分开了。

管理会计和财务会计有几个比较大的不同：

一是管理会计是企业内部使用的，没有强制的统一标准，只要符合企业的需要就可以；财务会计要向企业外部提供财务报告，需要按照统一的标准。

二是管理会计是出于管理的目的，而管理主要是面向现在和未来，所以更多的是预测和决策；财务会计是出于对外报告的目的，主要是为了告诉外部人在过去的一段时间企业干了什么、取得了什么样的业绩，所以更多的是记录和报告历史。

三是管理会计是为了满足管理的需要，是以现金为核心的会计体系，比如做投资决策时看的净现值（NPV）、内含报酬率（IRR）、投资回收期等，都是以现金为标准进行分析计算的；财务会计是以权责发生制为核心的会计体系，不太考虑是否收到或者付出现金。

很多教科书把财务报表使用者分为不同的类别，并确定了不同的财务分析重点——通常，股东重点关注盈利能力；债权人重点关注偿债能力；管理层重点关注经营决策。我个人认为，所有的财务报表使用者应该关心的事情其实是一样的，并且只有一件事：企业赚取现金的能力。对于股东来说，盈利最终要体现为企业收回的现金才算数；对于债权人来说，偿债能力是通过企业的现金来实现的；对于管理层来说，企业要通过各类经济活动赚取足够的现金向债权人偿还本金、支付利息和给股东分红。

未来这些会计学科应该重新合而为一。对于一个企业来说，不存在不同的账本、不同的算法，股东、债权人、管理层都用同一套信息、同一套算法，这样才能得出相同的结论。股东和债权人的投资决策，应该建立在管理层的管理决策的基础上——管理决策错误，就会给股东和债权人造成损失；只有管理决策合理，才能给股东和债权人赚钱。

财务会计理论研究一直强调财务报表的作用是给财务报表使用者提供对决策有用的信息，而最有用的决策信息显然就是管理会计信息。因此，未来会计学科的发展趋势，应该是财务会计、管理会计、公司理财（财务管理）等会计多学科的融合。

在实践中，企业很难按照会计学科设置部门和岗位，而优秀的首席财务官，必然是对各会计学科融会贯通的高手。这就像金庸武侠小说里面的武林高手一样，真正的武林高手必然打通任督二脉，悟透武术的"道"，融合百家武技。

优秀的企业家，一定是能够在实践中融合多会计学科的企业家，比如华为的任正非在讲到财务的时候要求华为收入的增长超过利润的增长，现金流的增长超过利润的增长，就融合了财务会计中的收入、利润和管理会计中的现金流。

优秀的投资家，一定是学会从企业家角度看企业的投资家，比如巴菲特一再强调"一家企业的价值是该企业在剩余寿命期限内产生的现金按照预期回报率折现到今天的金额"，而不是拘泥于通常的市盈率、净资产收益率等财务会计指标。

从会计学科融合的角度来说，当前的财务报表与理想中的财务报表还有不少差距。在信息技术的支持下，在会计学科融合的趋势下，希望财务报表能够真正提供越来越多有用的决策信息。

第二章

从现金看投资活动和筹资活动

在第一章中，本书认为成功的商业模式用财务语言来表述就是：投入现金，通过经济活动收回更多的现金。

企业投入现金，主要通过两个方面：一方面是投资活动中的购建活动（购建固定资产、无形资产或者其他长期资产支付的现金）和并购活动（取得子公司及其他营业单位支付的现金）把现金转化为长期经营资产，此外还有一些企业的理财型投资活动和长期股权投资活动；另一方面是经营活动中的采购活动（购买商品、接受劳务支付的现金）和生产活动（支付给职工以及为职工支付的现金）。本章重点讲投资活动投入的现金，企业在经营活动中投入的现金放到第四章中讲解。

企业在投入现金的时候，需要考虑现金从哪里来，因此通常会把投资和融资放到一起来考虑，称为"投融资管理"。企业投入的现金的来源主要有以下几个：一是企业通过经营活动收回的现金净额；二是企业储备在手中的现金；三是新增加的外部融资，包括新增债务融资和新增股东权益融资。

下面我们从现金角度，来理解企业的投资活动和筹资活动。

第一节 从现金看投资活动

企业根据自身战略，确定投资方向。所谓战略，就是投入今天的资源，实现明天的希望。对于大多数企业来说，投资活动承接公司战略，投入的现金金额往往比较大，对于企业的未来具有长远的影响。可以说，企业今天的投资活动，决定企业明天的经营结果。为了慎重起见，企业在开展投资活动之前，需要对投资项目开展可行性研究，具体到财务可行性研究，主要是对投资项目的净现值、内含报酬率、投资回收期等进行分析测算。

通过对现金流量表中的"投资活动产生的现金流量"进行分析，我们可以理解现金与投资活动的关系，对企业的发展有更好的认识和理解。一般来说，企业投资活动产生的现金流量净额为负数，表示企业通过投资活动把现金投出去变成了长期经营资产、长期股权投资等非现金资产。

一、投资活动决定企业的未来

对于投资者来说，有一句非常经典的话：买股票，是买一家上市公司的未来。

但是，财务数据主要以反映历史情况为主，比如，年报中的营业收入金额反映过去一年公司的销售情况，固定资产金额反映到现在为止公司的房屋及建筑物、机器设备、运输设备、电子设备等情况。

财报分析的前提是财务数据能够为我们对未来的分析和预测提供价值，也就是财务信息的预测价值。从时间顺序来说，今天是昨天的延续，明天是今天的延续，因此，历史的财务数据毫无疑问会影响未来。然而，未来并不是历史的简单重复。这个世界，每天都有新生的事物。对于企业来说，历史延续以外的未来变化，由企业的投资活动决定。可以说，企业的投资活动决定企业的未来。买上市公司的未来，就是买上市公司现在的投资活动。

上面的话比较抽象，举个例子，我有一次给核电公司上课，该公司有很多在建的核电站。这些核电站的使用寿命是 60 年，建好了以后，要用来发电 60 年，因此，核电公司现在建核电站的投资活动，决定核电公司未来 60 年的发电量，影响核电公司未来 60 年的财务结果。

总而言之，企业今天的投资活动决定企业的未来。

二、怎么看投资活动产生的现金流量

怎么分析投资活动产生的现金流量？我们先来看一下投资活动产生的现金流量的标准报表格式，具体如表 2-1 所示。

在看投资活动产生的现金流量的时候，有几个需要注意的问题。

（一）投资活动的定义和范围

根据《企业会计准则第 31 号——现金流量表》中的规定，投资活动是指企业长期资产的购建和不包括在现金等价物范围的投资及其处置活动。具体来说，投资活动包括：购建固定资产、无形资产和其他长期资产，取得子公司及其他营业单位，长期股权投资，非现金等价物的金融资产投资（比如用银行存款购买理财产品、国债、股票、公司债券等）。

在分析上市公司的时候，我们需要注意上述投资活动的定义存在的局限性：

表 2-1　投资活动产生的现金流量

单位：万元

报告期	2022-09-30	2021-12-31	2020-12-31	2019-12-31	2018-12-31
报表类型	三季报	年报	年报	年报	年报
	合并报表	合并报表	合并报表	合并报表	合并报表
投资活动产生的现金流量：					
收回投资收到的现金	1 591	17 350	0	14	0
取得投资收益收到的现金	271	−945	920	549	947
处置固定资产、无形资产和其他长期资产收回的现金净额	1	71	83	236	245
处置子公司及其他营业单位收到的现金净额	0	0	0	0	0
收到其他与投资活动有关的现金	52 888	72 844	168 419	107 185	114 807
投资活动现金流入小计	54 751	89 320	169 422	107 984	115 999
购建固定资产、无形资产和其他长期资产支付的现金	31 998	40 571	41 996	43 167	46 521
投资支付的现金	7 646	56 714	31 870	1 906	4 280
取得子公司及其他营业单位支付的现金净额	0	16 042	7 260	5 769	0
支付其他与投资活动有关的现金	52 524	63 784	153 880	103 815	144 505
投资活动现金流出小计	92 168	177 111	235 006	154 657	195 306
投资活动产生的现金流量净额	−37 417	−87 791	−65 584	−46 673	−79 307

一是定义和范围显得有些狭窄。只有满足会计准则规定的投资，才能反映在投资活动产生的现金流量当中。在工业时代，现有投资活动的定义和范围能够比较合理地反映一家企业的投资活动。然而，随着经济发展，这一定义和范围已经显得有点落伍。

如果说，花钱买入机器设备是一项投资活动，那么，花钱引进一位中国科学院院士是不是一项投资活动？从企业发展的角度来说，后者可能比前者的意义还要重大。但是，我们现在只能把前者列入投资活动，而后者花掉的钱则进入费用减少企业利润。

同样地，花钱买机器设备是投资，但是花钱买客户（比如平台经济前期的花钱引流）是费用，花钱拓展业务（比如建立新的销售网络、销售平台）是费用，花钱培训员工提升员工未来的生产力是费用。

在新经济模式下，越来越多的对未来的投资已经不是传统意义的投资活动，比如土地、机器设备的投资，而是对人力资源、网络、品牌等的投资。标准的企业会计准则对于传统意义的投资活动支出进行资本化处理，即计入长期资产项目；但是对于这些非传统意义的投资活动支出，往往进行费用化处理，即计入当期的费用，减少当期的利润。因此，当前的现金流量表无法反映这些费用化的投资，从而导致了投资活动现金流量信息对于新经济企业价值的判断缺乏相关性。对于新经济企业的投资活动现金流量信息缺乏分析相关性的问题，我们暂时无法通过现金流量表内的数据得出合理的结论，而是需要根据公司的发展情况做出很多的数据调整才能得出合理的结论。感兴趣的读者，可以在我的公众号"渐悟"中查阅"'新经济'颠覆传统估值方法了吗？"一文。该文中以亚马逊早期的财务报表为例，说明为什么亚马逊报表利润和经营活动产生的现金流量净额为负但是股价却一直上涨。这是因为传统的财务报表没办法合理地反映亚马逊为了扩张业务而投出去的钱，只是僵化地把这些钱全部计入了当期的费用，造成了报表上的亏损，但是这些钱其实是为了未来能够赚钱的投资。

二是定义和范围只看表面现象，而没有考虑不同的投资对于企业未来发展的影响，即没有考虑不同投资的本质。

现金流量表的三类活动——筹资活动、投资活动和经营活动都是按照现金流入减去现金流出计算现金净额的格式列报的，其实这是一种偷懒的做法。我自己在分析投资活动产生的现金流量的时候，就曾经百思不得其解：买银行理财产品是投资活动现金流出，购买和建造固定资产也是投资活动现金流出，这两者的性质差得太远了，对企业未来的影响简直不可同日而语。但是，现在的现金流量表格式只是将这些数字这么简单地罗列在了一起，而没有考虑这些数字对于决策的影响，这在很大程度上可以说把财务报告号称的"决策有用性"忘之脑后了。

（二）怎么分析投资活动产生的现金流量比较合理

我们需要按照投资活动的性质和对企业未来的影响来排列，而不是简单地按照流入、流出来排列，这才是决策有用性的体现。

我认为，从投资活动的性质和对企业未来的影响来看，目前投资活动产生的现金流量中的项目，可以分为战略型投资活动和理财型投资活动，理财型投资活动会产生短期影响，而战略型投资活动则具有深远的影响。比如，买银行理财产品只影响理财期间，是为了提高短期收益；购买固定资产影响的是整个固定资产使用期间，在很大程度上体现的是公司战略，具有长远的影响。

在分析投资活动产生的现金流量的时候，我们需要把"购建固定资产、无形资产和其他长期资产支付的现金"和"取得子公司及其他营业单位支付的现金"，以及与这两个项目对应的"处置固定资产、无形资产和其他长期资产收回的现金"和"处置子公司及其他营业单位收回的现金"，作为战略型投资活动。

在现实生活中，也比较容易理解上述项目与公司战略之间的关系。当一家公司准备开展未来的业务或者扩张未来的业务时，有两种主要的方式：一种是公司自己购买土地使用权建造厂房或者办公场所，购买机器设备和办公设备，或者投入现金做研发和设计，然后提供产品和服务给客户；另一种是直接收购现成的企业，也就是兼并收购。当然，一家公司也有可能出于公司战略考虑，缩小甚至彻底退出某些领域的业务，这个时候就要把这些领域的资产处置掉，或者直接出售这些领域的子公司。对于大多数公司来说，购建资产和取得子公司的金额，都会大于或等于处置资产和处置子公司的金额，也就是投资活动现金流在财务报表上是负数，表示净流出；只有处于困境的公司或者处于转型的公司，在收缩公司规模时才会出现相反的情况。

"投资支付的现金"项目和"收回投资收到的现金""取得投资收益收到的现金"项目则需要具体分析。如果这三个项目是跟联营企业和合营企业的长期股权投资有关的现金流出和流入，则往往跟公司的战略相关。公司投资联营企业和合营企业的长期股权，是为了跟这些企业建立战略联盟关系或者长期稳定的合作关系；出售这些长期股权收回投资的话，就是结束这种关系，意味着公司的战略发生了变化。如果这三个项目是短期理财型投资活动的现金流出和流入，则跟公司的战略没有关系，比如上市公司买银行理财产品的时候现金流出，理财产品到期赎回本金收到利息，只是上市公司的短期行为。

我们经常会看到上市公司"投资支付的现金"和"收回投资收到的现金"这两个项目的金额都很大，这个时候，我们要认真查阅项目的报表附注。多数情况下，这两个项目讲的是理财型投资活动，比如，A上市公司有10亿元的闲置资金，经过董事会和股东大会同意，用于理财，购买银行发行的一个月期的理财产品，一个月到期赎回后继续循环理财，1年12个月，A上市公司相当于购买理财累计支付了120亿元（10亿元/次×12次，列入"投资支付的现金"），到期收回累计金额120亿元（列入"收回投资收到的现金"）。所以，虽然看起来金额大，但是其实对上市公司未来的发展影响不大。

取得投资收益收到的现金，是指上市公司通过短期理财投资、长期股权投资以及各类金融资产投资赚到手的钱。有些上市公司的合营企业和联营企业比较赚钱，上市公司收到的现金股利和利润，就在这个项目里反映，此时这个项目的金额就会很大，比如，上汽集团"取得投资收益收到的现金"金额很大，因为其投资的两个合营企业上汽大众和上汽通用每年的现金分红很多。

"支付其他与投资活动有关的现金"项目和"收到其他与投资活动有关的现金"项目一般来说金额不大。金额小的话，我们在分析的时候可以直接略过；如果金额比较大的话，我们要查阅公司的财务报表附注看看具体原因。有些上市公司的金额大，是因为在编制现金流量表的时候把理财型投资活动的现金流量放到了这两个项目中，比如上市公司做结构性存款以提高银行存款的收益。

（三）如何考虑战略型投资活动对未来的影响

企业的目标是什么？是生存和发展。生存，就是"活下去"；发展，就是"活得更美更好"。

对于一家刚成立的公司，战略型投资活动主要是为了发展。

对于一家已经开展经营活动的公司来说，公司已经进入了现金流循环模式（见图1-1），其战略型投资活动投出去的现金，包括两大部分：一部分是资本保全支出——用于生存的支出；另一部分是资本扩张支出——用于发展的支出。

在讲资本保全支出和资本扩张支出前，我们先要了解一下财务上一个非常重要的概念——资本保全。资本保全概念很重要，不过现在会计学科的教学对这个概念的重视程度不够。

资本保全，也可以理解为资本保持、资本维持。我们在算企业赚没赚钱的时候，要以资本得到保全为前提，只有超过原投入资本或成本的部分才是利润，即在算赚了多少钱的时候，要把本钱扣除掉。对于企业来说，把本保住了，才能生存下去。如果做点买进卖出赚差价的小生意，比如500元买进一批杯子，转手800元卖掉，本钱就是500元。但是对于企业来说，本钱比较复杂，比如，买进原材料并加工为产品的过程中，需要用到各类机器设备，这些变旧的机器设备的本钱要按照一定的计算方法计入产品的成本。

在理解资本保全概念的基础上，公司战略型投资活动的现金支出中，维持原有生产能力或者经营规模的支出，就是资本保全支出；扩大了生产能力或者经营规模的支出，就是资本扩张支出。

比如，2023年初，出租车公司有1 000辆出租车，2023年购置100辆小轿车替换掉了原来的旧车，同时购置增加了80辆小轿车，那么，购置100辆小轿车支付的现金就是资本保全支出，另外的80辆小轿车就是资本扩张支出，到2023年底形成了1 080辆出租车的经营规模，更多的出租车意味着公司在将来会有更多的收入、利润和现金流。

再比如，2023年初，公司有100吨的产能，2023年购置了一些新设备替换掉了使用到期的旧设备，仍旧保持在 100 吨的产能，那么，购置这些新设备的支出就是资本保全支出。如果 2023 年公司没有购置新设备替换掉使用到期的旧设备，2023 年底产能只有 80 吨，那么，2023 年的资本保全支出就是负数，意味着公司的生产能力降低了，若公司一直不更新设备，等到所有设备都无法使用的时候，公司就要关门清算了。如果 2023 年公司不仅替换掉了旧设备，还建了 30 吨新产能，到了 2023 年底，一共有 130 吨产能，那么，新产能的投资支出就是资本扩张支出。如果经营环境不变的话，更多的产能意味着公司在将来会有更多的产品、更多的销售收入和利润、更多的现金流。

　　上面两个例子中是用实际经营规模和产能的业务数据来表示公司的资本保全支出和资本扩张支出的。但是，在分析上市公司的时候，会面临两个问题：一是可能无法拿到具体的经营规模或者产能的数据；二是大多数上市公司会有多种产品或多种服务，没办法简单地用某种产品或某种服务的能力来代表公司的经营规模或者产能。因此，我们在分析上市公司的战略型投资活动的时候，采用近似替代：将期初长期经营资产净额（固定资产净值、在建工程、无形资产净值、开发支出、商誉、长期待摊费用、其他非流动资产中的经营资产等）作为期初的经营规模或者产能；将本期的固定资产折旧、无形资产摊销、长期待摊费用摊销以及长期经营资产的减值等作为公司必需的资本保全支出；将战略型投资活动支付的现金减去收回的现金后的金额作为战略型投资活动资本支出；将战略型投资活动资本支出减去资本保全支出后的剩余金额作为资本扩张支出。资本扩张支出为正数，说明公司在扩张；资本扩张支出为负数，则公司在收缩。我们通过资本扩张支出除以期初长期经营资产净额的比值来判断公司经营规模或产能扩张的程度。

上述近似替代的理由是：长期经营资产净额表明公司在经营规模和产能上的投资，金额越大，公司的经营规模和产能就越高；长期经营资产的折旧、摊销和减值，表明公司的经营规模和产能下降，需要战略型投资活动支出来弥补，也就是资本保全支出；战略型投资活动资本支出包括资本保全支出和资本扩张支出，因此战略型投资活动资本支出在扣除资本保全支出后剩下的就是资本扩张支出。

用公式表示如下：

战略型投资活动资本支出 = 购建固定资产、无形资产和其他长期资产支付的现金 - 处置固定资产、无形资产和其他长期资产收回的现金 + 取得子公司及其他营业单位支付的现金 - 处置子公司及其他营业单位收到的现金

资本扩张支出 = 战略型投资活动资本支出 - 资本保全支出

资本保全支出 = 固定资产折旧 + 无形资产摊销 + 长期待摊费用摊销 + 长期经营资产减值

资本扩张支出比例 = 资本扩张支出 ÷ 期初长期经营资产净额 × 100%

上述计算只是简单近似的分析，涉及具体公司的时候，要根据具体情况做出调整。比如，有些公司的折旧摊销并不意味着公司生产经营能力的降低，这个时候所有的战略型投资活动资本支出都是资本扩张支出。

三、从现金看战略型投资活动的价值

上述分析采用了简单的线性假设来推理，认为经营规模和产能增加，公司未来的收入、利润和现金流就会增加。但是现实中，这一假设并不一定成立。

在分析投资活动对企业的未来影响的时候，需要考虑企业将现金投到

了什么行业、市场需求怎么样、竞争对手多不多等。在投资活动可行性研究报告中可以找到这些资料。如果要合理地判断投资活动资本支出是否会在未来收回更多的现金、创造现金价值的话，需要阅读和分析上市公司投资项目的可行性研究报告，重点关注投资活动的净现值和内含报酬率，并认真考虑上市公司计算披露的净现值和内含报酬率的假设基础、具体数据是否合理。比如，大多数水务公司的投资项目内含报酬率在6%左右，比较符合公用事业的实际情况；如果水务公司投资项目的内含报酬率高达12%，那么，就很值得怀疑。

简单点儿理解，净现值就是公司投资项目后赚取的现金在今天的价值，净现值为正数，说明项目赚取了超过预期回报率（折现率）的钱；净现值为负数，说明项目没有赚取超过预期回报率（折现率）的钱。比如，我们今天给某个项目投了1 000元现金，希望每年有不低于10%的回报，一年后的今天收回1 210元现金，那么，今天的净现值就是1 210÷（1+10%）−1 000=1 100−1 000=100元，1 210÷（1+10%）是指一年后收到的现金在今天的价值，1 000元是今天投出去的本金——本来只指望一年后收回来1 100元，但是多赚了110元，这110元在今天的价值为100元。但是，如果一年后的今天只收回1 050元，那么，今天的净现值是1 050÷（1+10%）−1 000=954.55−1 000≈−45.45元，相当于比预期的10%少了45.45元。

内含报酬率是从现金和货币时间价值的角度计算公司投资项目的回报率。前面我们是先确定公司的预期回报率，然后计算净现值。现在，我们假设投资项目的净现值为0，反过来计算回报率是多少。比如，我们今天给某个项目投了1 000元现金，一年后的今天收回1 210元现金，那么，这笔投资考虑货币时间价值的回报率是多少呢？假设回报率为x，那么净现值 0=1 210÷（1+x）−1 000，内含报酬率为 21%。这里的例子比较简单，如果投资的周期比较长，则计算会比较复杂。

在财务分析中，一般可以在上市公司招股说明书中的募集资金投资项目效益分析测算、重大投资项目公告中的效益分析测算中找到分析投资活动现金价值所需的资料。

举个例子，在我写作这部分内容的 2023 年 1 月 10 日，扬州金泉旅游用品股份有限公司披露了《首次公开发行股票招股说明书》。该公司主要以 ODM/OEM 的模式为全球客户提供高品质户外用品。扬州金泉旅游用品股份有限公司在招股说明书中关于募集资金投资项目的说明，如表 2-2 所示。

表 2-2　扬州金泉旅游用品股份有限公司募集资金投资项目

序号	项目名称	投资金额 （万元）	拟投入募集资金 （万元）
1	年产 25 万顶帐篷生产线技术改造项目	9 308.02	9 308.02
2	年产 35 万条睡袋生产线技术改造项目	9 774.21	9 774.21
3	户外用品研发中心技术改造项目	5 992.50	5 992.50
4	扬州金泉旅游用品股份有限公司物流仓储仓库建设项目	7 136.43	7 136.43
5	补充流动资金	9 000	9 000
	合计	41 211.16	41 211.16

招股说明书中对各投资项目的经济效益分析如下。

项目一：根据该项目可行性研究报告，本项目完全达产后，每年可增加销售收入 7 500 万元，增加利润总额 1 353.13 万元，内部收益率（所得税后）为 15.33%，静态投资回收期（含建设期、税后）为 6.01 年。

项目二：根据该项目可行性研究报告，本项目完全达产后，每年可增加销售收入 7 000 万元，增加利润总额 1 278.48 万元，内部收益率（所得税后）为 13.88%，静态投资回收期（含建设期、税后）为 6.27 年。

项目三：通过本项目的建设，公司将在现有研发能力基础上，进一步提升技术水平，为公司业务开展提供更坚实的技术支撑，并增加技术储备，进一步拓展公司产品线，最终为公司创造更多的效益。

项目四：通过本项目的建设，公司将对产品实现更加有效、合理的库存管理，进而对公司整体生产管理带来积极的优化效果。

补充流动资金：本项目为使用募集资金中的 9 000 万元用于补充流动资金，为公司各项经营活动的顺利开展提供充足的资金保障，有助于公司持续健康发展。

我们从上述募集资金投资项目可以看出投资完成后的大概情况，研发项目、仓储项目和补充流动资金都不产生直接效益，五个募集资金投向加起来：投出现金 41 211.16 万元后，可以每年多赚 2 631.61 万元现金回来。投资回报率在 6.5% 左右，不高，但是马马虎虎可以接受。从该公司的募集资金投资项目，我们大概可以测算出该公司未来的利润和现金流增长情况，并判断其大概的投资价值区间。

上面只是随手举了一个例子。在分析上市公司的投资活动所产生的未来影响时，我们都需要去查阅类似的资料，这样才能进行分析和判断。

第二节　从现金看筹资活动

广义的筹资活动，按资金来源说，包括内源筹资、外源筹资。

内源筹资，是指资金来自于企业内部的筹资活动，资金来源是企业历年赚取现金积累下的资金；外源筹资，是指资金来自于企业外部的筹资活动，是企业向股东发行股票募集资金和向债权人取得借款收到现金。

狭义的筹资活动，只是指外源筹资。现金流量表中的筹资活动是狭义的筹资活动。

一般情况下，筹资活动产生的现金流量从金额数字来说，有时候是正数，有时候是负数。正数表示企业增加了外源筹资；负数有可能表示企业偿还了债务，减少了外部债务融资，也有可能表示企业给股东现金分红，或者两者兼而有之。对于债务来说，就是"有借有还，再借不难"；对于股东权益来说，就是要有股东投入，也要给股东回报。

看筹资活动产生的现金流量的时候要解决的问题：企业要不要从外部筹资？要的话，要从外部筹多少资？是通过股东来筹资，还是通过债务来筹资？股东筹资解决多少现金，债务筹资解决多少现金？

一、企业要不要从外部筹资？要的话，要从外部筹多少资

前面讲了投资活动支付的现金，一般来说，投资活动要花出去现金。那么，这些现金从哪里来呢？

对于刚刚成立的企业，还没有开始赚钱，这些现金来自筹资活动——股东和债权人给企业的现金。

对于已经开始赚钱的企业，企业投入的现金的来源主要有以下几个：一是企业通过经营活动收回来的现金净额；二是企业储备在手中的现金；三是企业通过筹资活动新增加的外部融资，包括新增债务融资和新增股东权益融资。企业不会没有理由地筹资，筹资是为了满足企业投资活动的现金需求和经营活动的现金需求（关于经营活动的现金投入，将在第三章和第七章中论述，该部分现金在计算经营活动产生的现金流量净额的时候已

经被计算在经营活动现金流出内）。当前述第一项和第二项加起来的现金超过企业的现金需求时，企业就无须新增外源筹资；否则，企业就需要新增外源筹资。本书把第一项和第二项加起来满足企业战略型投资活动现金需求的能力，称为现金自给率：

现金自给率 =（预期企业本期经营活动产生的现金流量净额 + 期初现金储备）÷ 战略型投资活动的现金需求 ×100%

一般来说，当现金自给率高于100%的时候，无须新增外源筹资；当现金自给率低于100%的时候，需要新增外源筹资。

为了保证企业处于安全的财务状态，大多数企业会储备一部分现金以应对意外的现金需求或者意外的外部环境变化，比如2020年到2022年的新冠疫情对企业经济活动造成的冲击。企业安全现金储备的金额多少比较合适，没有绝对标准，取决于企业内部的判断和企业的风险偏好。把企业财务安全放在重要地位的企业，其安全现金储备会比较多；比较激进的企业，其安全现金储备会比较少，甚至没有安全现金储备，只能应对正常的生产经营情况，一旦外部环境变化或者企业经营出现意外，就会遇到资金危机。在考虑企业安全现金储备的情况下，企业需要的筹资金额的计算公式如下：

企业需要的筹资金额 = 战略型投资活动的现金需求 −（预期企业本期经营活动产生的现金流量净额 + 期初现金储备）+ 企业安全现金储备

二、怎么看筹资活动产生的现金流量

怎么看一家企业筹资活动产生的现金流量呢？来看表2-3，它展示了筹资活动产生的现金流量的标准格式及项目。

表 2-3　筹资活动产生的现金流量

单位：万元

报告期	2022-09-30	2021-12-31	2020-12-31	2019-12-31	2018-12-31	2017-12-31
	三季报	年报	年报	年报	年报	年报
报表类型	合并报表	合并报表	合并报表	合并报表	合并报表	合并报表
筹资活动产生的现金流量：						
吸收投资收到的现金	28	0	90	0	0	0
其中：子公司吸收少数股东投资收到的现金	0	0	90	0	0	0
取得借款收到的现金	147 340	110 719	68 717	77 866	31 636	7 300
收到其他与筹资活动有关的现金	26 375	21 136	6 659	4 367	0	7 935
筹资活动现金流入小计	173 743	131 855	75 466	82 233	31 636	15 235
偿还债务支付的现金	68 900	74 125	46 856	49 245	20 410	48 550
分配股利、利润或偿付利息支付的现金	17 975	21 591	13 126	17 461	12 722	15 121
其中：子公司支付给少数股东的股利、利润	590	0	0	450	450	450
支付其他与筹资活动有关的现金	42 423	2 963	31 591	4 778	2 598	33 028
筹资活动现金流出小计	129 298	98 679	91 573	71 484	35 730	96 699
筹资活动产生的现金流量净额	44 445	33 176	−16 107	10 749	−4 094	−81 464

1. 筹资活动产生的现金流量列报格式存在的问题

筹资活动产生的现金流量按照流入减去流出计算净额的格式列报。正如前面讲过的，这是一种偷懒的做法。在进行财务分析的时候，我们不仅想知道筹资活动产生的现金流量净额是多少，更想知道：有没有增加债务筹资，是还掉的债务多还是借进来的债务多，股东有没有追加投资，有没有给股东分红，等等。也就是说，我们更希望按照筹资活动的性质来分类列报，而不是简单按照流入、流出来列报。

我国目前的现金流量表还存在着一个问题："分配股利、利润或偿付利息支付的现金"把股东和债权人两类不同投资者混在了一起。我们无法从现金流量表中看出一家企业向债权人支付了多少现金、向股东分配利润支付了多少现金。

2. 与股东相关的筹资活动

在筹资活动产生的现金流量标准报表格式中，与股东相关的筹资活动项目是"吸收投资收到的现金"和"分配股利、利润支付的现金"。

"吸收投资收到的现金"，是指股东在报表期间内投入公司的现金。为了披露这些现金是母公司股东投入的现金还是子公司少数股东投入的现金，在该项目下面单独设置"其中：子公司吸收少数股东投资收到的现金"项目。比如，A上市公司在2022年度增发股票、收到股东投入的现金10亿元；同时，A上市公司为了拓展业务，与X公司合作新成立了子公司B，其中A上市公司实缴资本为1.2亿元，持股60%，X公司实缴资本为8 000万元，持股40%；那么，A上市公司在编制2022年度合并现金流量表的时候，"吸收投资收到的现金"为10.8亿元，"其中：子公司吸收少数股东投资收到的现金"为8 000万元。

天下没有免费的午餐，股东投入现金到公司，是为了赚钱。股东赚钱的方式有两种：一是公司给股东现金分红；二是股东在股价上涨的时候卖出股票。"分配股利、利润支付的现金"，就是公司给股东现金分红的金额。为了披露这些现金是分配给母公司股东还是子公司少数股东，在该项目下面单独设置"其中：子公司支付给少数股东的股利、利润"项目。

遗憾的是，在进行财务分析的时候，我们无法从报表直接读取"分配股利、利润支付的现金"金额，因为报表把它跟"偿付利息支付的现金"混在了一起。很多上市公司的年报附注也没有分别披露"分配股利、利润支付的现金"和"偿付利息支付的现金"，因此，为了得到"分配股利、利润支付的现金"金额，我们只能去查找公司的利润分配公告。在通过利润分配公告查看"分配股利、利润支付的现金"的时候，我们需要注意两个细节：一是上市公司利润分配公告中的"分配股利、利润支付的现金"，往往指的是上一年度的股利和利润，比如 A 上市公司 2023 年股东大会通过了 2022 年度利润分配方案并随后支付现金给股东，也就是 2023 年分的是 2022 年的利润；二是公司利润分配公告的金额不包含子公司支付给少数股东的股利、利润，加上子公司支付给少数股东的股利、利润，才是合并现金流量表中的"分配股利、利润支付的现金"。

那么，报表期间内，到底是股东投入公司的现金多，还是公司分红给股东的现金多呢？计算股东筹资净额如下：

股东筹资净额 = 吸收投资收到的现金 − 分配股利、利润支付的现金

股东筹资净额大于 0 的时候，股东在追加投入现金到上市公司；股东筹资净额小于 0 的时候，公司给股东的现金分红大于股东追加投入

的现金；股东筹资净额等于 0 的时候，公司跟股东之间没有发生现金往来。

3. 与债权人相关的筹资活动

在筹资活动产生的现金流量标准报表格式中，与债权人相关的筹资活动项目是"取得借款收到的现金"和"偿还债务支付的现金""偿付利息支付的现金"。

"取得借款收到的现金"，是指在报表期间内公司向债权人借款收到的现金，包括银行贷款、发行公司债券等。

"偿还债务支付的现金"，是指公司支付给债权人以偿还债务本金的现金；"偿付利息支付的现金"，是指公司向债权人支付利息的现金。

如前所述，我们无法从报表直接读取"偿付利息支付的现金"，需要计算如下：

偿付利息支付的现金 = 分配股利、利润或偿付利息支付的现金 - 分配股利、利润支付的现金

那么，报表期间内，公司到底借进来的钱多还是还掉的钱多呢？计算债务筹资净额如下：

债务筹资净额 = 取得借款收到的现金 - 偿还债务支付的现金 - 偿付利息支付的现金

债务筹资净额大于 0 的时候，公司借了更多的现金进来；债务筹资净额小于 0 的时候，公司还掉的现金比借进来的现金多；股东筹资净额等于 0 的时候，公司没有新增债务。

收到其他与筹资活动有关的现金、支付其他与筹资活动有关的现金，主要反映一些与筹资活动相关但又不是股权筹资和债务筹资的事项。这些

事项既有支付现金的事项，比如筹资活动中的手续费支付的现金，又有收到现金的事项，比如筹资活动中收到的保证金，等等。

上述筹资活动的结果，反映到资产负债表中，就是有息债务和所有者权益。

第三节　从现金综合看投资活动和筹资活动

对企业来说，再怎么强调企业的投资活动和筹资活动都不过分。资产负债表和利润表的数字，在很大程度上都是由投资活动和筹资活动决定的。投资活动、筹资活动和经营活动是因，资产负债表和利润表是果。对企业来说，经济活动（因）做好了，财务绩效（果）自然就是好的。

企业通过投资活动把现金投入不同的资产决定了公司的资产结构，投资活动是否有效决定了公司的资产质量。现在很多企业领导都提出来要提高、夯实资产质量，这是要求企业抓好投资、管好投资，唯有如此才能达到目的。否则，提高、夯实资产质量就是本末倒置，陷入了"乱投资—资产质量差—提出夯实资产质量的任务—乱投资—……"的循环陷阱中。资产结构和资产质量决定了企业的利润结构和利润质量。

筹资活动决定了企业的资本结构：到底是用股东的现金多，还是用债权人的现金多？到底是长期资金多，还是短期资金多？

从现金角度看，投资活动和筹资活动在很大程度上决定了企业未来是不是能赚钱，如果赚钱的话可以赚多少钱，企业未来会不会遇到资金危机。可以说，投资活动和筹资活动决定企业的命，经营活动决定企业的运，前者和后者对企业发展的影响至少是五五开，甚至是八二开。

正如前面讲的, 企业的筹资活动是为了满足投资活动的现金需求, 因此, 企业管理中经常将两者放到一起, 称为"投融资管理""投融资决策"。那么, 两者放到一起, 管理和决策什么内容? 有没有什么标准呢? 主要包括如下两个方面。

一、筹资活动与投资活动的现金数量和期限匹配问题

如果内源筹资无法满足投资活动需要的现金的话, 企业就需要从外部筹资。因此, 我们要看是否能够通过外源筹资获取足够的现金满足投资活动的现金需要。在此基础上, 公司最好能够保留适当的现金弹性余地, 以保证投资活动不会因资金不够而拖延甚至烂尾。

在数量足够的基础上, 我们还要看筹资活动的资金来源期限和投资活动的资金回收期限是否匹配。后面会讲到企业的流动性风险, 也就是大家经常在媒体上看到的债务危机、资金危机。流动性风险的表现是企业没有足够的现金用于支付, 深层次的原因有两个: 筹资活动的资金来源期限和投资活动的资金回收期限的短期错配; 企业长期亏钱导致手中没有现金用于支付。

筹资活动的资金来源期限, 是指企业需要支付筹资活动收到的现金及收益给投资者的约定期限。一般来说, 企业无须偿还普通股股东投入的现金, 也没有强制分红的义务; 企业需要按照规定支付优先股股东的股息; 企业需要按照规定的时间偿还本金、支付利息给债权人。

投资活动的资金回收期限, 是指企业在投入现金后通过经营管理收回这些现金的期限, 简称为"投资回收期"。

如果投资活动的资金回收期限和筹资活动的资金来源期限匹配的

话，那么，企业在未来发生流动性风险的可能性就很小；如果前者远远长于后者的话，也就是短期筹资用于长期投资，那么，企业在未来发生流动性风险的可能性就很大；如果前者短于后者的话，那么，企业应该基本上不会发生流动性风险。通俗地讲，企业短钱短用、长钱长用，互相匹配就没有流动性风险；企业短钱长用，就会造成现金紧张和流动性风险。

比如，我们投资某个项目，该项目的投资金额为 10 亿元，投资建设期为 2 年，建成后的经营期限为 30 年，其中一半资金来自股东权益，一半资金来自 1 年期的银行贷款，预计包括投资建设期在内的投资回收期为 10 年（2 年建设期 +8 年经营期）。在项目还没完工的时候，5 亿元的银行贷款就到期了，这个时候银行让我们还钱，怎么办？项目投资出去的钱还没有收回来，只能跟银行续贷；再过 1 年，银行贷款又到期了，只能接着续贷。如果银行不同意续贷，资金危机就发生了。

在上面的例子中，如果我们使用的银行贷款是 6 年期（2 年建设期 + 4 年经营期）或者期限更长的，那么，到期的时候，我们就会有钱偿还银行本金和支付利息了。

因此，我们在前期做投资活动决策和筹资活动决策的时候，就要考虑未来这些活动对企业的流动性风险可能产生的影响，不要把企业的资金绷得太紧，要留下足够的弹性和余地。

二、投资活动与筹资活动的成本收益匹配分析

股东和债权人把现金投入企业，是为了获得回报。即使是企业赚了钱后没有分配给股东的利润，也是归股东所有，相当于股东投入企业的钱，

因此一样需要回报。我们算账的时候，就要看企业投资活动项目预期赚回来的现金是否能够满足筹资活动所募集资金需要的回报。如果一家公司虽然短期内没有流动性风险，但是长期一直亏现金的话，那么，它早晚会遇到流动性风险。

债权人的资金回报要求比较显性化，就是企业向金融机构贷款时贷款合同上的利率、发行债券时注明的利率，以及其他债务合同上标明的利率。对于企业来说，在约定的时间偿还债务本金和支付利息是具有强制性的。如果企业无法履行偿付义务的话，债权人可以申请法院强制执行，甚至申请对企业进行破产清算。因此，企业在做投资活动决策的时候，如果使用了债务资金，一定要考虑是否能够赚回足够的现金支付利息——这是企业生存最底线的要求。比如，我们投资一个项目，初始投资金额为5 000万元，一半股东权益资金一半债务资金，债务资金是通过信托公司的理财产品募集的，年化利率为10%，那么，债务资金每年的利息为2 500万元×10%=250万元，也就是说，这个项目每年最少要赚回来250万元的息税前利润所对应的现金，才能实现长期活下去的最低要求。如果少于250万元，那么企业赚的钱还不够付利息。因此，债权人很关心利息保障倍数这个指标：

利息保障倍数 = 息税前利润 / 利息

有时候企业有息税前利润但是不一定有对应的现金，因此，债权人还会计算现金口径的利息保障倍数：

利息保障倍数 = 经营活动产生的现金流量净额 / 利息

当企业赚的钱不够支付利息时，它就只能用股东的本金或者借更多的钱支付利息，企业就会在后期陷入支付危机。

相比于债权人的资金，股东的资金回报没有硬性规定和强制要求。上面的例子中，所有息税前利润归债权人所有，股东分文无收。股东是企业的老板，做生意有亏有赚，赚了股东享受，亏了股东承担。但是，上市公司的小股东只是名义上的老板，委托管理层做生意，这个时候，小股东选择靠谱的管理层就非常重要。很多上市公司的管理层，是上市公司的实际控制人聘任的，甚至多数家族控制的上市公司的管理层和实际控制人是同一批人。如果管理层不靠谱，则股东的钱很容易"肉包子打狗——有去无回"。因此，我们需要根据公司管理层是否受过行政处罚、是否吹过没法实现的牛等对其做出一个是否靠谱的基本判断。

有些人认为只要企业不向股东支付现金股利，企业就没有股权资金成本。实际上，股权资金成本是多少不是取决于是否支付现金股利或者支付多少现金股利，而是取决于市场上股东们的加权平均预期回报——如果企业无法创造满足股东预期的回报，那么，企业就很难在市场上进行股权融资，股东们"用脚投票"后股价会下跌。我曾经遇到过一家上市公司的董事长，他认为只要不支付现金股利，股权资金就没有成本，由于没有股权资金成本观念，上市后乱投项目，最后公司退市，不仅挥霍浪费了小股东的资金，也让自己从辉煌巅峰跌落为失信人员。一家企业不管是拿到了银行贷款，还是募集了股东资金，拿到资金后要一直把如何创造超过资金成本的回报放在第一位，只有这样才能长远发展。

根据经典的公司金融理论，公司股权资金成本与无风险利率和公司风险有关。我个人认为，社会上的股权资金成本与宏观无风险利率有关，因为无风险利率会影响多数人的预期回报。比如，当无风险利率为 5% 的时候，那么股东的预期回报肯定会高于 5%，因为如果低于 5% 的话，那么股东不如把这笔钱用来购买无风险利率的金融产品；当无风险利率下降到3%的时候，股东的预期回报率也会下降。无风险利率与整个社会的财富创造能力有关，当社会充满机会的时候，无风险利率就会比较高；当社会中没有多少创造财富的机会的时候，无风险利率就会比较低。社会的财富创造能力体现为一个国家、地区的经济增长速度。无风险利率的最直接衡量工具就是一个国家或者地区的公债利率。

第三章

从现金看资产与资本

从现金的角度，一家公司的资产可以分为现金资产和非现金资产，持有现金资产不是目的，把现金资产转换为优秀的非现金资产是公司的任务——这个世界不缺现金，缺的是优质非现金资产；非现金资产是不是优秀，判断标准是能不能赚回来更多的现金。非现金资产，主要是经营资产和长期股权投资。优秀公司的逻辑是：现金资产—非现金资产—更多的现金资产—……

从现金的角度，一家公司的资本来源于三个方面：股东投入的本金、债权人提供的本金、公司自己赚回来的钱。股东投入的本金和债权人提供的本金是公司现金最初的来源，后续公司通过经营活动赚到钱，并不断与股东、债权人发生现金的往来——公司向债权人还本付息、给股东现金分红，债权人提供更多的有息债务，股东追加投资，等等。短期角度，要关注公司是否会陷入债务危机——公司是否有足够多的现金在约定的时点支付利息和偿还本金，也就是要看现金资产跟债务在时间和金额上的匹配程度。长期角度，要关注公司是否赚到了足够多的钱，公司必须用赚到的钱支付利息和给股东现金分红，如果公司没有赚到足够多的钱或者亏钱，那

么公司支付利息和现金分红的钱就只能是来自股东和债权人的本金，很容
易形成金融上的"庞氏骗局"。

第一节 现金资产

对于非金融企业，现金资产包括现金、现金等价物和作为现金储备的
金融资产。非现金资产包括经营资产和长期股权投资。

现金资产主要是赚取利息、租金以及自身的价格上涨，通俗说，就是
以钱生钱。

一、现金资产的内容

第一章介绍了现金资产的定义及内容。在会计上，现金资产的核算比
较繁杂，尤其是金融资产的会计核算更是复杂。我有时候开玩笑，金融资
产的会计核算过于复杂，如果有人晚上睡不着的话，买本会计准则放在枕
头边上，翻到金融工具准则，翻几页以后就睡着了。对于非会计专业人士
来说，不一定要学复杂的会计准则，只需要搞清楚：资产负债表中哪些项
目是现金资产？在判断这些项目的质量和价值的时候，有哪些特点和需要
注意的事项？现金资产的数量多少比较合适？当然，还需要注意现金资产
舞弊可能产生的"地雷"。

本书不是按照标准资产负债表中的流动资产和非流动资产对资产进行
分类，而是按照资产变成现金的能力和难易程度来分类。不管在标准资产
负债表中是列在流动资产还是非流动资产，现金资产都是变成现金最容
易的资产，甚至在急需现金的时候比应收账款、存货变成现金的速度都
要快。

资产负债表中现金资产相关项目包括：货币资金、交易性金融资产、衍生金融资产、债权投资、其他债权投资、其他权益工具投资、其他流动资产或其他非流动资产中的委托贷款与定期存款等金融资产、其他非流动金融资产、划分为持有待售的资产（马上处置后收到现金）、投资性房地产、应收股利和应收利息（马上可以收到的现金）等。划分为持有待售的资产、应收股利和应收利息视同为马上可以收到现金的资产，本书不做详细介绍，其他项目如下。

1. 货币资金

货币资金是指企业拥有的，以货币形式存在的资产，包括库存现金、银行存款和其他货币资金。货币资金是企业经济运动的起点和终点。货币资金的流动性最强，并且是唯一能够直接转化为其他任何资产形态的资产，也是唯一能代表企业现实购买力水平的资产。为了确保生产经营活动的正常进行，企业必须拥有一定数量的货币资金，以便购买材料、交纳税金、发放工资、支付利息及股利或进行投资等。在财务报表附注中，公司会披露货币资金的详细信息，包括货币资金的构成、货币资金受限制的情况等，一般格式如表 3-1 所示。

受限制的货币资金，主要指的是保证金、不能随时用于支付的银行存款（如定期存款、具有专项用途的银行存款）、在法律上被质押或者以其他方式设置了担保权利的货币资金。这类货币资金确确实实是在公司的银行账户里存在的，所以其价值是没有疑问的，但是，要关注这类货币资金占货币资金总额的比例是多少，货币资金受限制的程度是否会影响公司的日常开支和流动性，形成债务危机。比如，2021 年很多房地产上市公司陷入债务危机，几亿元的公司债都无法偿付，但是如果看财务报表的话，这些公司的货币资金可能都有几十亿元甚至上百亿元，那为什么连几亿元都付不出来呢？这是因为房地产公司的很多货币资金都是期房的预售款，而这些预售款是受到政府的监管，必须专款专用的——必须用于对应的期房项目，不能用于其他的房地产项目。如果这些资金被挪用到其他房地产项目，使购房者的项目没有资金完工的话，很容易导致项目烂尾、无法按时交房，侵害购房者的权益。

表 3-1   货币资金在财务报表附注中披露的参考格式

1. 货币资金
√适用   □不适用

单位：元   币种：人民币

项目	期末余额	期初余额
库存现金		
银行存款		
其他货币资金		
合计		
其中：存放在境外的款项总额		

其他说明

其中受限制的货币资金明细如下：

项目	期末余额	上年年末余额
保函保证金		
合计		

2. 交易性金融资产、其他流动资产中的金融资产

交易性金融资产的定义是：企业为了近期内出售而持有的金融资产。比如企业今天从二级市场购入股票、债券、基金等，两天后涨价了就可以卖出去，低买高卖赚取中间差价，属于短线操作。企业的交易性金融资产

包括：①为交易目的持有的债券，政府债券、金融债券、企业债券等都属于交易性金融资产；②为交易目的持有的基金和股票；③其他交易性金融资产，如理财产品、资管计划等。

交易性金融资产的最大特点是：为了近期内出售、以公允价值（现行正常市价）计量。也就是说，交易性金融资产的变现能力很好，并且报表上的金额就是报表当日卖掉后可以收回来的钱，从这个角度，可以把交易性金融资产视为现金的等价物。

除了会在资产负债表中列示交易性金融资产的金额外，公司还会在财务报表附注中披露交易性金融资产的具体信息，一般格式如表3-2所示。

表3-2　交易性金融资产在财务报表附注中披露的参考格式

2. 交易性金融资产
√适用　□不适用

单位：元　币种：人民币

项目	期末余额	期初余额
以公允价值计量且其变动计入当期损益的金融资产		
合计		
其中：		
投资理财		
合计		

其他说明

其中投资理财明细如下：

项目	期末余额	上年年末余额
银行理财等产品		
合计		

一些公司因为银行存款的利率太低，会做一些理财安排，比如大额存单、结构性存款等，一些大额存单、结构性存款等按照会计规定不能在货币资金里列报。根据《大额存单管理暂行办法》（中国人民银行公告〔2015〕第13号）的相关规定，记账式大额存单是银行存款类金融产品，属一般性存款。在资产负债表列报方面，对于同时满足以下条件的大额存单，可在"货币资金"项目下列报：期限在12个月内（含12个月）；存单的发行条件允许提前支取；持有人没有明确将其持有至到期的意图。对于不同时满足上述条件但预计持有期限不超过一年（自购入日起算）的大额存单，可在"其他流动资产"项目下列报。对于不满足"货币资金"和"其他流动资产"列报条件的大额存单，应在"其他非流动资产"项目下列报。虽然没有满足条件的大额存单和结构性存款在"其他流动资产"或者"其他非流动资产"项目下列报，但是，按照实质，我们认为大额存单和结构性存款就是公司的现金，所以，应当将"其他流动资产"和"其他非流动资产"中的大额存单、结构性存款作为现金的等价物。在表3-3中，其他流动资产项目就包括了大额存单。

表 3-3   其他流动资产在财务报表附注中披露的参考格式

其他流动资产

单位：元   币种：人民币

项目	期末余额	期初余额
待抵扣进项税额		
预缴税款		
结构性存款		
大额存单		
委托贷款及其利息		
合计		

一些公司会通过委托贷款等形式把暂时闲置的资金借给其他单位使用，以获取较高的收益率。委托贷款是指金融机构按委托人指定要求所发放的贷款。这种贷款的资金来源是特约存款，贷款的对象、数量和用途均由委托人决定，金融机构只负责办理贷款的审查发放、监督使用、到期收回和计收利息等事项，不负盈亏责任。一般来说，委托贷款的时间比较明确、风险较小、价值比较稳定。但是，需要警惕的是：部分上市公司的委托贷款也可能存在着高风险，这时，需要对委托贷款计提减值损失。比如，航民股份在其2022年年报披露的其他流动资产项目，就包括了委托贷款。

3. 各类金融资产

对于非金融企业来说，金融资产的特点是：公司暂时闲置的资金太多，效益太低，为了获得较高的收益率而把现金转换为金融资产，并在需要现金的时候随时将它们转换为现金，可以说它们只是现金的不同马甲而已。

这些金融资产项目包括：衍生金融资产、债权投资、其他债权投资、其他权益工具投资、其他非流动金融资产、以公允价值计量的投资性房地产。对于大多数实业经营的上市公司来说，上述项目基本上没有什么金额，很多时候在财务报表中金额都是0。除了投资性房地产外，其他项目都是以公允价值或者摊余成本计量的。这些项目的会计核算非常复杂，比如有时候把公允价值变动计入当期的利润，有时候把公允价值变动计入当期的其他综合收益，非会计专业人士绕来绕去就晕了。我们不需要搞得这么深奥，对于大家来说，只需要知道：以公允价值或者摊余成本计量的项目，在资产负债表日，在资产负债表中的金额是多少，当天基本上就可以收回来多少现金。

　　投资性房地产,是指为赚取租金或资本增值(房地产买卖的差价),或两者兼有而持有的房地产。投资性房地产应当能够单独计量和出售。投资性房地产主要包括:已出租的土地使用权、持有并准备增值后转让的土地使用权和已出租的建筑物。我们可以看出,购买投资性房地产是出于投资目的,主要是为了收取租金或者赚取增值差价,租金类似于银行存款的利息,赚取增值差价类似于短期买卖股票赚差价,所以,投资性房地产的本质更接近于金融资产,也就是现金的近似物。

　　在会计上,上市公司对投资性房地产可以选择采用成本模式计量,也可以选择采用公允价值模式计量,但是,同一家上市公司只能选择一种计量模式,不能对一部分投资性房地产采用成本模式而对另一部分投资性房地产采用公允价值模式。所谓用成本模式计量,比较接近于企业的固定资产的计量模式(后续会在长期经营资产中详细介绍),就是按照购入价格(成本)来显示投资性房地产最初的价值,在使用过程中要扣除计提的折旧金额计算出期末的价值,因此,用成本模式计量的投资性房地产在资产负债表上的金额可能与实际相差比较大,比如,20年前在上海市黄浦区外滩买了一栋办公楼用于出租,买入的时候花了5亿元,使用20年计提了折旧2亿元,现在报表上显示的金额是3亿元,但是今天的实际市场价格可能是20亿元,相差了17亿元。

　　用公允价值模式计量投资性房地产,每次编资产负债表的时候,都要去估计如果现在卖掉的话,可以收回来多少钱,因此,在这一模式下,需要投资性房地产有比较活跃的成熟交易市场,这样得出的金额比较接近现实。大家在看投资性房地产的时候,一定要在附注中查询,到底是采用成本模式还是公允价值模式,如果采用公允价值模式的话,可以作为现金的近似物来处理。在活跃的市场中，投资性房地产的变现相对来说比较容易，速度也比较快。

　　用成本模式计量的投资性房地产，我个人建议，可以归为固定资产来进行分析和价值判断，理由如下：一是用成本模式计量的投资性房地产多数没有活跃的交易市场，比较难得到市场价格数据；二是用成本模式计量的投资性房地产主要用于出租收租金，需要较长的时间变现收回现金，接近固定资产的性质。

　　比如，新城控股（601155）对投资性房地产（全国各地用来出租的商业楼宇，主要是吾悦广场）采用了公允价值模式计量，其在2020年年报财务报表附注中披露的信息如表3-4所示。

　　新城控股的投资性房地产的公允价值的依据是评估师戴德梁行有限公司的重估报告，在2020年12月31日，投资性房地产的总额为882.915亿元，当年由于重估增值了25.72亿元（这部分金额计入当年的净利润），其背后的意思是：如果新城控股把这些商业楼宇在2020年12月31日拿出来卖（类似于万达把文旅城一次性卖掉），可以到手882.915亿元，其中25.72亿元是2020年涨价高于2019年12月31日的净额部分（相当于从2019年底到2020年底上涨赚的钱），已经扣除了相对应的应纳税金额（递延所得税643 008 285元）。关于递延所得税的问题，后面详细解释。

　　可以看出，投资性房地产公允价值计量模式的好处是比较接近现实情况，坏处是公允价值比较难得到并且有一定的主观性，比如重估的时候，每平方米的价格上下浮动几百元很正常，但是对于投资性房地产规模比较大的公司来说，累计的金额可能就会很大，如投资性房地产1 000万平方米的公司，每平方米价格向上波动200元，则投资性房地产公允价值变动20亿元，同时公允价值变动产生的收益形成税前利润20亿元。

表 3-4　新城控股 2020 年年报财务报表附注中的投资性房地产披露信息

投资性房地产计量模式

（a）采用公允价值计量模式的投资性房地产

单位：元　币种：人民币

项目	已完工投资性房地产	在建投资性房地产	合计
一、期初余额	49 257 000 000	18 964 000 000	68 221 000 000
二、本期变动	26 288 000 000	−6 217 500 000	20 070 500 000
加：外购			
存货\固定资产\在建工程转入			
企业合并增加			
减：处置			
其他转出			
公允价值变动	1 835 381 322	736 651 816	2 572 033 138
本年购建	—	15 885 268 796	15 885 268 796
收购子公司（附注五（1））	1 704 818 133	—	1 704 818 133
本年预估成本变动	−91 620 067	—	−91 620 067
本年完工	22 839 420 612	−22 839 420 612	—
三、期末余额	75 545 000 000	12 746 500 000	88 291 500 000

（b）未办妥产权证书的投资性房地产情况

√适用　□不适用

单位：元　币种：人民币

项目	账面价值	未办妥产权证书原因
已完工投资性房地产	17 650 000 000	相关产权证书尚在办理过程中

其他说明

√适用　□不适用

2020 年度计入投资性房地产的资本化借款费用为 221 799 921 元（2019 年度：491 739 207元）（附注四（67））。2020 年度用于确定借款费用资本化金额的资本化率为年利率 6.82%。

2020 年度投资性房地产公允价值变动对本集团当期损益的影响金额为 2 572 033 138元（2019 年度：2 550 615 736 元）（附注四（71）），相应的递延所得税为 643 008 285 元（2019 年度：637 653 934 元）。

投资性房地产于各资产负债表日由独立专业合格评估师戴德梁行有限公司按市场租金及现有用途基准进行重估。估值按将现有租约所得的租金收入净额资本化，并考虑物业租约期届满之后的预计收入进行计算。于 2020 年 12 月 31 日，本集团账面价值为35 369 000 000 元（2019 年 12 月 31 日：20 820 000 000 元）的投资性房地产已用作本集团借款及债券的抵押（附注四（33）、附注四（46）、附注四（47））。

万科 A（SZ000002）的投资性房地产则采用了成本模式。成本模式的投资性房地产跟固定资产相似，需要在财务报表附注中披露原值、累计折旧、减值、账面价值等信息。

二、现金资产的质量和数量分析

（一）现金资产的质量

从质量角度来说，现金资产中，货币资金的质量＞交易性金融资产的质量＞其他金融资产和投资性房地产的质量。比如，货币资金，在资产负债表中的金额是多少，就是多少，不打一点儿折扣，不会发生价值波动；交易性金融资产中的股票、基金、债券等，其在资产负债表中的金额是按照编制资产负债表当日的价格计算出来的，虽然在当天出售的话可以收回来这么多钱，但是，价格是会波动的，因此，交易性金融资产的波动性会比货币资金大一些，不确定性也就大一些；而其他金融资产中的债权投资、其他债权投资、其他权益工具投资，虽然是按照资产负债表日的公允价值或者摊余成本计量的，但是，很多资产可能是非标准化的资产，不像股票、基金、债券这些标准化资产一样有活跃的交易价格，因此，需要企业自己进行估算，导致资产负债表上的金额有一定的主观性，同时，其他金融资产和投资性房地产的变现速度也会比交易性金融资产慢一些。

从价值分析角度，现金资产基本上都是按照资产负债表上的金额来计算的，除非有足够的证据怀疑现金资产存在着重大的价值不确定性。同时，要关注货币资金以外的金融资产的价值波动性，对于某家具体的上市公司来说，可以观察其历史上这些项目的资产减值准备计提情况、公允价值损益变动情况，等等。一般来说，波动性比较小或者正向波动趋势明显，说明质量比较可靠；如果上下来回波动或者负向波动趋势比较明显，说明质量比较差。

（二）现金资产的数量

现金资产的分析，有很多方面，比如到底来自哪里，是来自经营活动还是来自筹资活动，是否存在存贷双高，等等。我们现在考虑，对于一个正常的公司来说，现金资产是多好还是少好，多少才是合理的。

多好还是少好这个问题，一般人都认为想都不用想，肯定是多好。我认为，对于不同的公司来说，没有绝对的答案，相对的答案是：够用就好！多少够用，则取决于公司的管理水平。不过，如果一家公司的现金资产一直长期巨额闲置，从股东的角度来说，则不是好事情——公司的目的是为股东赚钱，而现金资产大多数时候收益率实在是太低——安全有余而进取不足，比如，长期闲置巨额货币资金将损害股东的价值。根据经典的财务理论，如果公司账上有巨额的闲置现金资产却找不到好的投资方向，那么，就应该把多余的现金通过现金分红或者回购股份的方式归还给股东——股东自己选择收益率超过货币资金利率的投资机会。

目前，市场上存在着一批手握巨额资金、稳健有余但进取不足的公司，其市场表现也很一般——投资者意识到了进取不足给股东价值带来的损害。下面以航民股份和海兴电力为例，进行分析说明。

1．航民股份：稳健有余、进取不足

航民股份自成立以来，依靠制度创新、技术创新和管理创新，不断做大做强主营业务，形成了以印染为主业，热电、织布、染料配套发展的稳健高效产业链，坚持"质量第一，信誉至上"的经营方针，纺织印染等主营业务的各项经济技术指标在同行业中处于领先水平，连续多年在中国印染行业协会"十佳企业"排名中名列前茅。"飞航"牌多种纤维混纺

面料、高仿真面料及印花面料等在市场上享有较高的知名度，畅销全国，远销东南亚、中东、北美和欧盟等地区。部分产品还通过了 OEKO-TEX STANDARD 100 绿色环保认证，出口欧洲获准免检。2018 年，公司收购航民百泰 100% 股权，航民百泰成熟、盈利稳定的黄金饰品加工及批发业务将整体注入上市公司的体系中，上市公司将形成"纺织印染 + 黄金饰品"双主业、双龙头产业链布局。

分析历年的数据，我们可以发现，航民股份的年度加权平均股东权益回报率长期维持在 15% 以上（见表 3-5），即使在 2020 年上半年新冠疫情的影响下，航民股份的半年度加权平均股东权益回报率也达到了 5.02%，这在 A 股上市公司中并不多见。从表 3-5 可以看到，航民股份的年度息税前资产回报率基本稳定在 15% 以上，即每百元的资产投入可以产生 15 元以上的息税前利润；财务成本效应比率在 95% 以上，即每百元的息税前利润中不到 5 元用于支付利息；财务杠杆倍数在 110% 左右，即每 110 元的投入资本中，10 元左右为有息债务，可以说基本上没有用财务杠杆；所得税效应比率最近几年在 85% 左右，即航民股份总体上使用 15% 的企业所得税税率，每 100 元的税前利润中，15 元左右用于缴纳企业所得税。从历史数据来说，航民股份是一家优秀的稳健型公司。

但是，航民股份已经有很长一段时间市场表现一般、成交不够活跃。我个人认为，其中很重要的一个原因是：公司持有巨额的货币资金，却没有明确的投资项目，只是将货币资金用于持续滚动的银行理财，因此投资者看不到公司的未来增长。调整计算后航民股份的资产结构和资本结构数据如表 3-6 所示。从表 3-6 中可以看到，航民股份的金融资产（货币资金以及银行理财为主）从 2012 年的 4.68 亿元增长到 2020 年半年度的 27.15 亿元，占整个资本总额的比例从 19% 左右上升到 43% 左右。那么，这些金融资产为股东赚取了多少利润呢？其收益率在 1%～3%，2020 年半年度由于受金融资产公允价值变动损失影响，收益率甚至为负数，这显然与股东的预期回报相差甚远。也就是说，目前，航民股份 43% 的资产的收益率在 1%～3%。此外，在表 3-6 中的后几年，航民股份在手握巨资的情况下，却存在超过 9 亿元的有息债务，这也是一个值得思考的问题：既然不缺钱，为何借钱？借钱的利率难道低于理财的利率吗？从航民股份的金融资产收益率判断，理财的收益率显然低于借款的利率，不是一笔划算的交易。

表 3-5　航民股份的加权平均股东权益回报率及其分解

项目	2020-06-30	2019-12-31	2018-12-31	2017-12-31	2016-12-31	2015-12-31	2014-12-31	2013-12-31	2012-12-31
加权平均股东权益回报率	5.02%	16.42%	17.73%	17.10%	18.59%	18.94%	20.08%	21.46%	16.59%
息税前销售利润率	15.03%	15.15%	12.81%	22.41%	24.68%	23.21%	21.15%	20.66%	16.24%
投入资本周转率	36.24%	110.15%	149.74%	88.65%	88.95%	87.97%	99.29%	107.27%	116.08%
息税前资产回报率	5.45%	16.69%	19.19%	19.86%	21.95%	20.42%	21.00%	22.16%	18.85%
财务成本效应比率	95.36%	96.86%	96.59%	100.21%	99.54%	99.18%	95.68%	96.89%	95.30%
财务杠杆倍数	117.17%	118.25%	111.61%	101.73%	105.28%	115.72%	124.25%	123.63%	114.13%
财务杠杆效应比率	111.73%	114.53%	107.80%	101.95%	104.80%	114.77%	118.89%	119.78%	108.77%
所得税效应比率	82.46%	85.92%	85.70%	84.45%	80.82%	80.83%	80.45%	80.84%	80.87%

表 3-6 航民股份的资产结构和资本结构数据

（原始数据来自 Wind，表中数据为加工后数据，金额单位为万元）

报告期	2020-06-30	2019-12-31	2018-12-31	2017-12-31	2016-12-31	2015-12-31	2014-12-31	2013-12-31	2012-12-31
报表类型	中报	年报	年报	年报	年报	年报	年报	年报	年报
	合并报表	合并报表	合并报表	合并报表	合并报表	合并报表	合并报表	合并报表	合并报表
金融资产	271 500.71	252 495.37	217 938.25	173 518.71	149 672.57	134 247.36	126 001.33	69 816.36	46 817.18
金融资产收益率	-0.01	0.03	0.01	0.02	0.02	0.02	0.03	0.03	0.01
长期股权投资	0.00	0.00	0.00	0.00	0.00	0.00	0.00	0.00	0.00
周转性经营投入	139 428.87	149 620.32	142 129.75	34 756.39	30 294.44	36 995.27	35 768.46	39 862.78	29 846.45
周转性经营资产	202 199.69	222 835.08	212 323.30	97 874.76	92 021.48	89 841.60	82 424.27	81 422.73	68 764.64
周转性经营负债	62 770.82	73 214.76	70 193.55	63 118.37	61 727.04	52 846.33	46 655.81	41 559.95	38 918.19
长期经营资产	222 995.17	229 109.95	224 192.76	213 711.30	186 674.57	179 473.61	175 864.42	194 093.41	165 979.25
经营资产总额	362 424.04	378 730.27	366 322.51	248 467.69	216 969.01	216 468.88	211 632.88	233 956.19	195 825.70
占用资本总额	633 924.75	631 225.64	584 260.76	421 986.40	366 641.58	350 716.24	337 634.21	303 772.55	242 642.88
有息债务	92 406.21	93 026.00	94 523.44	10 115.52	3 305.88	32 697.54	60 799.40	64 399.22	40 046.88
短期有息债务	86 698.69	93 026.00	94 523.44	10 115.52	3 305.88	32 697.54	35 494.07	7 714.31	6 914.79
长期有息债务	5 707.52	0.00	0.00	0.00	0.00	0.00	25 305.33	56 684.91	33 132.09
所有者权益	541 518.56	538 199.63	489 737.33	411 870.90	363 335.71	318 018.69	276 834.80	239 373.33	202 596.01
投入资本总额	633 924.77	631 225.63	584 260.77	421 986.42	366 641.59	350 716.23	337 634.20	303 772.55	242 642.89

航民股份的巨额货币资金，往好了说，是"余粮"充足，往坏了说，则是稳健有余、进取不足。如何把手里的金融资产转化为高收益率的资产，是摆在航民股份面前的一道难题。

2. 海兴电力：实业企业还是金融公司

与航民股份类似，海兴电力也是手握巨额货币资金，从金融资产占资产总额的比例来看有过之而无不及。

从表 3-7 可以看到，海兴电力的年度加权平均股东权益回报率从 2015 年开始大幅下滑，由之前的 30% 左右下滑到 10% 左右，甚至低于 10%（2018 年为 6.48%）。我们分析具体的五个影响因素，其中：息税前销售利润率虽有波动，但是总体平稳；财务成本效应比率基本在 90% ~ 100%，个别年份受到汇兑损益的影响比较低（2013 年和 2018 年）；财务杠杆倍数多年来基本在 110% 左右；所得税效应比率基本在 85% 左右；而其中下滑最大的是投入资本周转率，从 2012 年的 168.41% 下滑到 2018 年最低的 48.20%。

在主业没有变化的情况下，为什么海兴电力的投入资本周转率会从 2012 年的 168.41% 下降到 2018 年的 48.20% 呢？我们可以通过分析海兴电力的资产结构找到最主要的原因——金融资产的金额过大、比重过高。海兴电力的资产结构和资本结构数据如表 3-8 所示。

以 2019 年为例，在表 3-8 中，2018 年金融资产为 419 961.60 万元，长期股权投资为 2 963.83 万元，周转性经营投入为 73 988.50 万元，长期经营资产为 70 915.90 万元，周转性经营投入和长期经营资产相加后的经营资产总额为 144 904.40 万元。也就是说，2019 年，海兴电力 73.96% 的资产是金融资产，26.04% 的资产为经营资产和长期股权投资，由于大比例的金融资产只能带来少量的利息收入和短期投资收益，无法产生营业收入，导致了公司的资产周转率大幅下滑。

表 3-7　海兴电力的加权平均股东权益回报率及其分解

项目	2020-06-30	2019-12-31	2018-12-31	2017-12-31	2016-12-31	2015-12-31	2014-12-31	2013-12-31	2012-12-31
加权平均股东权益回报率	3.81%	10.14%	6.48%	12.14%	18.49%	28.77%	29.13%	29.49%	35.24%
息税前销售利润率	20.39%	20.92%	18.09%	22.62%	24.54%	27.22%	24.00%	25.76%	23.37%
投入资本周转率	22.45%	53.35%	48.20%	62.75%	70.39%	123.25%	129.49%	158.93%	168.41%
息税前资产回报率	4.58%	11.16%	8.72%	14.20%	17.27%	33.55%	31.08%	40.94%	39.36%
财务成本效应比率	90.68%	96.86%	78.06%	94.88%	115.51%	92.80%	98.05%	80.33%	96.89%
财务杠杆倍数	109.48%	109.31%	110.55%	108.74%	107.13%	110.32%	110.01%	109.35%	108.58%
财务杠杆效应比率	99.27%	105.87%	86.29%	103.18%	123.75%	102.37%	107.87%	87.84%	105.20%
所得税效应比率	83.96%	85.81%	86.08%	82.85%	86.51%	83.78%	86.89%	82.02%	85.10%

表 3-8　海兴电力的资产结构和资本结构数据

（原始数据来自 Wind，表中数据为四舍五入后含五入的加工后数据，金额单位为万元）

报告期	2020-06-30	2019-12-31	2018-12-31	2017-12-31	2016-12-31	2015-12-31	2014-12-31	2013-12-31	2012-12-31
报表类型	中报	年报	年报	年报	年报	年报	年报	年报	年报
	合并报表	合并报表	合并报表	合并报表	合并报表	合并报表	合并报表	合并报表	合并报表
金融资产	409 741.70	419 961.60	394 466.66	40 7048.72	356 211.11	100 922.34	80 453.67	58 671.69	49 841.64
金融资产收益率	0.01	0.04	0.03	−0.01	0.00	−0.01	−0.01	−0.01	−0.00
长期股权投资	2 509.53	2 963.83	2 996.40	1 767.79	1 784.45	2 759.96	2 899.57	1 215.52	1 455.19
周转性经营投入	75 192.69	73 988.50	75 414.24	46 456.04	30 507.26	26 849.35	27 837.65	22 320.02	16 226.08
周转性经营资产	193 140.26	184 742.61	176 620.70	172 149.35	113 261.30	89 869.73	94 338.24	62 218.42	57 198.71
周转性经营负债	117 947.57	110 754.11	101 206.46	125 693.31	82 754.04	63 020.38	66 500.59	39 898.40	40 972.63
长期经营资产	81 359.66	70 915.90	66 812.86	64 399.98	56 024.99	44 567.74	38 306.87	33 750.52	22 628.73
经营资产总额	156 552.35	144 904.40	142 227.10	110 856.02	86 532.25	71 417.09	66 144.52	56 070.54	38 854.81
占用资本总额	568 803.58	567 829.83	539 690.16	519 672.53	444 527.81	175 099.39	149 497.76	115 957.75	90 151.64
有息债务	5 3936.93	44 475.36	49 832.89	51 256.05	26 246.71	15 012.96	15 340.39	8 811.33	8 811.29
短期有息债务	16 264.14	6 346.22	36 252.81	34 545.63	5 802.05	4 804.82	3 919.59	11.33	11.29
长期有息债务	37 672.79	38 129.14	1 3580.08	16 710.42	20 444.66	10 208.14	11 420.80	8 800.00	8 800.00
所有者权益	514 866.64	523 354.49	489 857.28	468 416.48	418 281.12	160 086.45	134 157.37	107 146.41	81 340.33
投入资本总额	568 803.57	567 829.85	539 690.17	519 672.53	444 527.83	175 099.41	149 497.76	115 957.74	90 151.62

海兴电力 2020 年的金融资产所占的比重仍然超过 70%，这已经成为制约公司股东价值的重大因素。在金融资产比重如此高的情况下，问题来了：海兴电力到底是实业企业，还是金融公司？

与航民股份类似，海兴电力在持有巨额金融资产的同时，银行贷款越来越多，存在着资金管理不善的问题。而巨额金融资产无法产生足够的收益满足股东的需求，因此，海兴电力的股价在上市以后，一直处于下跌过程中。如何让海兴电力成为真正的实业企业，是海兴电力董事会和高管层亟须解决的重大问题，也是投资者在决定是否买入海兴电力股票时需要思考的关键问题。

总而言之，对于实业企业来说，如何持续地把现金资产转换为优秀的经营资产，是长期的挑战。当然，手握巨资却没有动作的公司，至少比手握巨资乱投各类资产和项目的公司，好那么一点点。比如，股价远远低于每股净资产的赣粤高速，就是借钱投了很多不成功的项目。

赣粤高速为了消除有限的高速公路收费年限的影响，开展了跨界多元化，但明显投入跟产出不匹配。赣粤高速参股了恒邦保险、畅行公司、江西核电和高速传媒 4 家非上市公司以及湘邮科技、国盛金控、信达地产等多家上市公司，投入 26 亿元进行房地产开发。

我们从表 3-9 可以看到，赣粤高速持有的上市公司股票采用公允价值计量，2021 年 1 月 1 日投入 17 亿元，2021 年度公允价值减少了 37 731.50 万元，这些上市公司股票的收益率是 −22.19%。如果说，股票价格的波动只是浮亏的话，问题是，赣粤高速持有股票的上市公司很少进行现金分红，现金分红收益几乎可以忽略不计。市值波动很大，几乎在一个宽幅区间震荡，并且这些上市公司的业务多年下来也没有增长，又没有现金分红，只能说，持有这些上市公司的股票可以为赣粤高速的宣传手册贴金，但是，实际上是非常失败的投资。17亿元的资金，买银行理财产品，一年还有几千万元的固定收益。

表3-9　2021年赣粤高速的交易性金融资产

单位：元

项目名称	期初余额	期末余额	当期变动	对当期利润的影响金额
湘邮科技	71 728 800.00	85 250 880.00	13 522 080.00	10 141 560.00
国盛金控	1 176 698 228.75	821 549 308.80	−355 148 919.95	−267 844 776.89
信达地产	451 678 137.30	415 989 988.18	−35 688 149.12	1 915 155.12
合计	1 700 105 166.05	1 322 790 176.98	−377 314 989.07	−255 788 061.77

除了上市公司的股票外，赣粤高速还持有一些其他金融资产，从年报看，赣粤高速金融资产的投资总额情况如表3-10所示，基本上在20亿元左右。

表3-10　赣粤高速的金融资产

单位：万元

报告期	2022-03-31	2021-12-31	2020-12-31	2019-12-31	2018-12-31
	一季报	年报	年报	年报	年报
报表类型	合并报表	合并报表	合并报表	合并报表	合并报表
交易性金融资产	91 780	101 080	153 629	147 838	163 779
债权投资	24 014	23 918	13 076	2 000	0
其他权益工具投资	77 003	41 599	45 168	45 302	0
其他非流动金融资产	12 570	11 348	7 338	991	0
合计	205 367	177 945	219 211	196 131	163 779

但是这20亿元的金融资产投资，从2018年开始到现在，不仅没有赚

钱，还亏了将近 2 亿元（公允价值变动净收益和其他综合收益按照公允价值计量，来来回回波动，但是总体上看，5 年算下来是亏钱的，如果没有短期投资收益，公允价值波动带来的损失超过 3 亿元）。我们看表 3-11 所示的这些简单的数字就可以判断这些投资是不是成功的投资，显然不是。

表 3-11　赣粤高速的金融资产投资收益

单位：万元

报告期	2022-03-31	2021-12-31	2020-12-31	2019-12-31	2018-12-31	历年合计
	一季报	年报	年报	年报	年报	
报表类型	合并报表	合并报表	合并报表	合并报表	合并报表	
短期投资收益	316	1 895	3 289	2 629	3 638	11 767
公允价值变动净收益	−3 855	−33 877	6 950	27 478	−12	−3 316
其他综合收益	29 050	−3 244	−255	764	−54 398	−28 083
合计	25 511	−35 226	9 984	30 871	−50 772	−19 632

我们再来看看赣粤高速的长期股权投资。赣粤高速投资了一批合营企业和联营企业，包括江西昌泰天福茶业有限公司、恒邦财产保险股份有限公司、江西核电有限公司、江西高速传媒有限公司、江西畅行高速公路服务区开发经营有限公司、共青城高云投资管理有限公司、共青城高云一号投资管理合伙企业、中节能晶和科技有限公司。2021 年 1 月 1 日的账面价值为 108 072.43 万元，2021 年追加投资了 3 000 多万元，总额合计超过 11 亿元，2021 年按照权益法确认的投资收益为 1 241.72 万元，收益率在 1% 左右。

赣粤高速的房地产业务 26 亿元投入、金融资产 20 亿元投入、长期股权投资 11 亿元投入加起来一共是 57 亿元，三者的利润相加，不仅没赚钱，还亏钱了；如果算上资金利息，那就亏得更惨了。赣粤高速在2018年到2022年一季度，可是借了很多有息债务的（见表3-12）。按照赣粤高速年度报告信息，其举债利率在4%左右，也就是说，如果赣粤高速不搞跨界多元化，把将近60亿元的资金还给银行，至少可以增加24 000万元的利润。

表3-12　赣粤高速的有息债务

金额单位：万元

项目	2022-03-31	2021-12-31	2020-12-31	2019-12-31	2018-12-31
有息债务	1 347 957	1 280 967	1 399 116	1 447 398	1 398 984
有息债务率	41.76%	41.36%	44.04%	45.89%	46.36%
利息费用	12 869	55 108	58 561	59 355	64 102
大致借债利率	3.82%	4.30%	4.19%	4.10%	4.58%

一边借债，一边投入不赚钱的业务，赣粤高速的跨界多元化业务，成了吞噬高速公路通行服务收入利润的黑洞。

对于高速公路类的上市公司来说，如果不拓展多元化业务，那么未来收费到期后，面临着业务和财务断崖式下跌的危机；而拓展多元化业务，则面临着新业务不仅没有创造价值，反而毁损价值的危机。套用一句俗话：不做等死；做了可能找死。但是，对于投资者来说，宁愿不做毁损价值的多元化业务，这样至少可以保证目前公司的价值水平，让股价能够比较接近每股净资产的水平。

三、如何防范现金资产的地雷

前面讲了讲对于一个公司来说，多少现金资产储备比较合理。现在来讲讲如何防范现金资产的雷。

最近几年，康美药业、康得新等多家上市公司出现了货币资金重大舞弊的情形。

2020 年 5 月 13 日，康美药业收到《中国证监会行政处罚决定书》（〔2020〕24 号），其中关于货币资金的内容摘录如下：

二、《2016 年年度报告》《2017 年年度报告》《2018 年半年度报告》中存在虚假记载，虚增货币资金

2016 年 1 月 1 日至 2018 年 6 月 30 日，康美药业通过财务不记账、虚假记账，伪造、变造大额定期存单或银行对账单，配合营业收入造假伪造销售回款等方式，虚增货币资金。通过上述方式，康美药业《2016 年年度报告》虚增货币资金 22 548 513 485.42 元，占公司披露总资产的 41.13% 和净资产的 76.74%；《2017 年年度报告》虚增货币资金 29 944 309 821.45 元，占公司披露总资产的 43.57% 和净资产的 93.18%；《2018 年半年度报告》虚增货币资金 36 188 038 359.50 元，占公司披露总资产的 45.96% 和净资产的 108.24%。

上述违法事实，有康美药业《2016 年年度报告》《2017 年年度报告》《2018 年半年度报告》、账银差异余额确认表、银行流水、银行对账单、银行存款日记账、余额差异调节表、资金划转明细、询问笔录等证据证明，足以认定。

注意，康美药业 2018 年虚增货币资金是 361.88 亿元的天文数字！那么，在证券监管部门处罚之前，我们能够提前防雷吗？

很多文章已经提到，存贷双高是一个危险的信号。所谓存贷双高，是指资产负债表中，资产方银行存款等货币资金的金额很高，同时，负债方短期借款、长期借款和应付债券等有息债务的金额也很高。为什么大家认

为存贷双高会是一个危险信号呢？因为按常理来讲，有息债务的借款利率一般来说会远远高于银行存款的存款利率，因此，正常的公司很少会一边从银行借入巨额资金，一边又向银行存入巨额资金，那不是会白白损失很多利差？

但是，并非所有的存贷双高都一定是危险的信号，如以下三种情形。

第一种情形是为了扩张提前准备资金。处于扩张期的公司，通过投资来拉动成长，在投资之前，必须完成筹资，而银行借款是最常见的筹资方式，不过，公司取得银行借款后，投资往往并非短时间内就可以完成，很多项目的建设期往往就超过 2 年甚至 3 年，在这个建设期内，公司的银行借款会比较多，同时因为是慢慢用于项目建设，没有用掉的继续存在银行里，就会形成银行借款多、银行存款也多的情形。从投资的角度，扩张的公司，未来业绩增长的可能性往往也比较高。所以，如果因为存贷双高就把这类成长性公司排除掉，会错失很多投资机会。

第二种情形是货币资金的理财收益率超过债务的借款利率。现在信用评级好的公司，债务的借款利率低于 4%，甚至公司债的利率低于 3%，银行理财产品的收益大概在 3% ～ 4%，所以，有少数公司会一边借款，一边理财。

第三种情形是由于特殊的监管政策的原因，比如房地产公司长期存在着存贷双高，这是因为房地产公司的预售款虽然在其银行账户里，但是要接受政府的监管，专款专用，只能用于预售款所对应的房地产项目，因此，房地产公司其他用途的钱不够的时候还是需要借债，最后导致一边是高额存款，另一边是高额贷款。

那么，除了存贷双高是一个危险的信号外，货币资金舞弊还有什么其他的可能信号呢？另外一个危险的信号是超低的货币资金收益率。回到常理上来，公司的目的是赚钱，因此，如果一个上市公司长期有巨额的货币资金，却全部是活期存款，没有购买任何银行理财产品或者结构性存款，这是个很值得怀疑的事情，往重了说，可能货币资金造假，比如康美药业的巨额货币资金最后转成了存货（存货也是假的，只是用一个谎言掩盖另一个谎言），往轻了说，上市公司没有勤勉尽责地给股东理财赚钱。一般来说，上市公司会根据资金安排，在扣除受限制货币资金后，保留一部分活期存款应付日常的收付需求，同时将一部分资金用于开展一些短期的低风险理财投资，比如银行理财、结构性存款以及其他固定收益投资。大多数上市公司的货币资金收益率可以做到1%～2%。如果货币资金收益率很低，甚至几乎没有，这可能是存贷双高外，另一个更加危险的信号。

第二节　非现金资产

对于企业来说，非现金资产就是现金资产以外的资产。与现金资产以钱生钱不同，非现金资产需要企业通过研发设计、采购、生产、销售等各类经营活动来赚钱。

一、非现金资产的内容

非现金资产可以分为经营资产和长期股权投资。经营资产是企业用于认认真真搞经营赚钱的非现金资产，长期股权投资是企业用来投资到被投资企业，通过被投资企业的经营活动赚钱的非现金资产。

非现金资产在企业现金流循环"现金资产—非现金资产—更多的现金资产"中的第二个环节，衡量非现金资产的标准就是能不能赚"更多的现金资产"回来。

上市公司合并资产负债表中的长期股权投资，是指企业持有的联营企业和合营企业的股权。上市公司的控股子公司，在编制合并资产负债表的时候，已经纳入合并的范围，采用合并的方法反映在合并资产负债表中。非联营企业和合营企业的股权投资，会计准则要求作为金融资产（比如，其他权益工具投资）处理。对于企业来说，一般情况下，联营企业和合营企业的股权投资是有长远的战略考虑的，比如，形成长期稳定的合作关系、保证上下游的供应链等，因此，除非公司战略变化，否则不太会出现经常性的长期股权投资买进卖出交易。长期股权投资的收益，体现为被投资企业经营活动赚的钱，并最终通过被投资企业的现金分红收回现金——在现金流量表的投资活动产生的现金流量下"取得投资收益收到的现金"反映。

经营资产的内容比较多，从经营资产变成现金的速度来看，可以分为长期经营资产和周转性经营投入。由于这部分内容比较多，后面专门设章节进行详细介绍。此处只介绍长期经营资产和周转性经营投入的基本内容。

长期经营资产是指企业为了在经营活动中长期使用而购置的资产，包括固定资产、无形资产、长期待摊费用、商誉等。对于大多数企业来说，在募集股东资金和取得银行贷款拿到现金后，就要根据企业选择的主营业务，购买土地使用权和厂房、机器设备等资产。这些资产需要通过长期的经营活动才能收回最初的现金投入。比如，机器设备在加工产品的过程中逐渐变旧（会计核算折旧的过程），机器设备的价值转移到很多的产品中后，通过产品销售收到现金，才能收回最初的现金投入。大多数机器设备的使用年限超过三年，有些机器设备的使用年限达到 20 年以上，比如航空公司的飞机。土地和厂房的使用年限则多数达到 30 年以上。

周转性经营投入是指企业为了生产产品或者提供服务而投入的流转性资金。周转性经营投入可以通过周转性经营资产减去周转性经营负债来计算。周转性经营投入的金额取决于企业的经营活动效率。

周转性经营资产，包括原材料、应收款项等。企业在生产经营过程中，仅仅有长期经营资产还不够，必须有配套的周转性经营投入，打个比方，长期经营资产就像"锅"，周转性经营投入就像"米"，有锅有米才能做出来米饭，有长期经营资产和周转性经营投入才能生产产品或者提供服务。

周转性经营负债，包括应付款项、合同负债（预收款项）、应付职工薪酬、应交税费等。在标准的资产负债表中这些项目列在企业的负债中，但是我认为，这些负债与企业筹资活动形成的债务有着本质的区别。周转性经营负债与企业的经营活动相关，一般来说无须支付利息，而筹资活动形成的债务则需要支付利息。因此，我认为，在企业经营管理中，将周转性经营负债跟周转性经营资产放在一起进行分析决策更加合理。

二、从现金看长期股权投资

企业支付现金取得长期股权投资，是为了能够收回更多的现金。那么，能不能实现这一目的呢？我们需要对被投资企业进行考察，包括被投资企业所处的行业、主营业务的情况、管理团队等。

上市公司长期股权投资在金额不大的情况下，可以不用考虑。但是，在金额比较大的情况下，我们就要仔细看看长期股权投资的情况。然而考察上市公司的被投资企业可能不是很容易的事情，一方面是因为多数被投资企业并非上市公司，未单独披露详细的信息，另一方面是因为有些上市公司的投资参股企业很多，分析的成本太高。所以，我们在分析上市公司的长期股权投资是否能够收回更多现金的时候，只能采取不太准确的简化方法。

在讲简化方法之前，需要先简单了解一下长期股权投资的会计核算方法——权益法。会计准则关于权益法的规定非常详细、复杂，但是最核心的一点是：投资企业按照持有被投资企业的股权比例，分享被投资企业的利润或者承担被投资企业的亏损。比如，A上市公司持有B公司25%的股权，B公司2023年度的净利润是1 000万元，那么，A上市公司分享B公司250万元的净利润。如果A上市公司投资了多个企业，那么所有被投资企业按照股权比例计算出来的应分享的净利润总额，就体现在A上市公司利润表中的"对联营企业和合营企业的投资收益"项目中。

虽然被投资企业有净利润，也不一定是真的赚到了现金，但是，我们只能简化地认为净利润就是被投资企业赚到的钱。我们用利润表中"对联营企业和合营企业的投资收益"的金额，除以资产负债表中"长期股权投资"的金额，计算出长期股权投资的回报率，再与自己的预期回报率比较，来判断长期股权投资是不是合算。具体计算公式如下：

长期股权投资收益率 = 对联营企业和合营企业的投资收益 / 长期股权投资 × 100%

比如，假设当前社会加权平均的股权资金成本为6%，那么，当长期股权投资收益率为12%，远远高于6%的时候，这就是比较合算的，说明这些长期股权投资比较值钱，能够收回"更多的现金"；当长期股权投资收益率远远低于6%，甚至为负数的时候，说明这些长期股权投资不值钱，可能无法收回"更多的现金"，甚至会亏掉原来的本钱。

第三节　从现金看资本来源和资本期限

前两节介绍了现金资产和非现金资产，讲的是企业把钱用在了哪里，是存在银行，还是买成了机器设备和原材料等。现代会计用复式记账法，从两个方面清清楚楚地记录企业里发生的经济活动的来龙去脉——有去处，就一定有来源；有来源，就有去处。接下来介绍企业的钱从哪里来。

一、企业资本来源

从现金角度，企业的钱有三个来源：第一个是股东投入的本金；第二个是从银行和其他债权人获取的债务本金；第三个是企业用本金赚回来的钱。

（一）股东投入的本金

股东投入的本金，包括股本（实收资本）、资本公积（资本溢价）。我国上市公司的股票面值一般为1元，但是投资者申购上市公司股票的时候，支付的价格往往远远高过面值。比如，A公司在上海证券交易所发行了5 000万股面值1元的股票，发行价为23元，那么，23元中的1元计入股本，而剩余的22元则计入资本公积（资本溢价）。

为什么会有资本溢价呢？举个例子：张三和李四各自拿出100万元开了一家公司，实收资本200万元，没有溢价。2年后，公司为股东赚了600万元且没有进行利润分配，相当于张三和李四每个人享有400万元的权益。这个时候，公司准备引入新的股东王五并给予其1/3的股本，那么，王五至少应该投入与张三、李四享有权益等额的钱400万元，其中100万元计入实收资本，300万元就是资本溢价。但是，张三和李四不同意王五投入400万元就享有1/3的股本，因为张三和李四承担了前期的风险还吃了不少创业的苦，王五现在进来就相当于摘果子。张三、李四和王五经过谈判决定，王五投入700万元取得公司1/3的股本，这700万元中的100万元计入股本，其余600万元就是资本溢价。张三和李四在引入新股东之前每个人享有400万元的股东权益，引入新股东之后每个人享有的股东权益为（200万元初始股本＋600万元未分配利润＋700万元新增股东权益）/3＝500万元，张三和李四每个人多享有100万元的股东权益，作为对他们前期投入的补偿。当然，如果王五觉得吃亏，就可以不投钱。我们经常看到新闻媒体报道某公司天使轮融资估值多少，A轮、B轮估值又增加多少，其中都涉及资本溢价。

（二）企业借入的本金

从银行和其他债权人获取的债务本金，包括短期借款、长期借款、应付债券等。

企业是一个独立的法人。企业开展业务的本钱，一部分是股东投入，另一部分是企业自己借进来的钱，也就是有息债务。注意，有息债务与标准资产负债表里的负债并不是完全相同的概念，负债包括有息债务，但也包括无息债务；负债包括借进来的钱，也包括经营活动中赊欠原材料、工人工资等欠别人的经营负债。

有些企业做得好，可以做到无本万利，比如上游供应商愿意先给企业发货，下游客户愿意先向企业付款，这个时候企业就可以不用投入本金了。有些读者会问：世界上哪儿有这等好事？这等好事可能存在的情况：一是企业特别牛，上游供应商求着成为企业的供应商，由于某种原因，企业的下游客户很多，产品供不应求；二是上下游都特别信任中间的企业；等等。总之，这种情况在现实中可能不多，但存在。

回到有息债务上来，有息债务与经营负债最大的一个区别是：有息债务需要支付利息，经营负债不需要支付利息。有息债务的经济活动本质是筹资，经营负债的经济活动本质是经营。因此，本书把所有不需要支付利息的负债归类为周转性经营负债；把所有需要支付利息的负债归为有息债务。

根据有息债务的期限长短和企业的经营周期，可以将有息债务划分为短期有息债务和长期有息债务。一年以内或者一个经营周期内的有息债务为短期有息债务，一年以上或者一个经营周期以上的有息债务为长期有息债务。由于很多企业的经营周期比较难计算，所以财务报表往往直接以一年为标准。

短期有息债务包括短期借款、交易性金融负债、衍生金融负债、划分为持有待售的负债、应付短期债券、应付利息和一年内到期的非流动负债。长期有息债务包括长期借款、应付债券、长期应付款和租赁负债。

短期借款和长期借款就是上市公司向金融机构借的钱，短期借款的期限在一年之内，长期借款的期限在一年以上。应付短期债券和应付债券就是上市公司发行的债券。长期应付款是上市公司在较长时间内应付的款项，由于时间比较长，因此一般收款方会考虑相应的资金利息，从而长期应付款就具有了融资的性质。

交易性金融负债跟短期借款或长期借款不一样，借款是为了借钱进来用，到期还本金和付利息，所以企业记着什么时间要还本金和付利息就可以了，**交易性金融负债也是企业要付给别人的钱，但是这个钱不存在固定的期限、固定的金额，取决于市场上的公允价值。**

衍生金融负债与衍生金融工具相关。衍生金融工具也称衍生工具，是指价值随某些因素变动而变动，不要求初始净投资或净投资很少，在未来某一时期结算而形成的企业金融资产、金融负债和权益工具。衍生金融工具目前包括远期合同、期货合同、互换和期权，以及具有远期合同、期货合同、互换和期权中一种或一种以上特征的工具。同一个衍生金融工具，资产负债表日公允价值是正的，就是衍生金融资产；资产负债表日公允价值是负的，就是衍生金融负债。企业投资衍生金融工具的目的有两个：投机和套期保值。由于套期保值是为了规避风险，属于具有特殊目的的衍生金融工具投资，因投机而持有衍生金融工具称为一般业务。

如果衍生金融工具中约定的数量跟企业实际要用到的数量基本一致，则为套期保值的目的；超出部分则为投机。比如，A 上市公司在经营中要用到铜，但是铜的价格一直在波动，为了锁定下个月要用到的铜的成本，该上市公司先预计下个月要用到的铜的数量为 50 吨，然后用保证金从期货交易所买入该数量的期货合约，约定在未来一个月内 A 上市公司用价格 p 元 / 吨买入 50 吨铜，如果未来铜的市场价格上涨为（p+1 000）元 / 吨，那么，A 上市公司赚了 50 000 元，在没有结算赚到手之前就是衍生金融资产；反之，如果铜的价格为（p-1 000）元 / 吨，则 A 上市公司亏了 50 000 元，在这 50 000 元没有支付之前就是衍生金融负债。

现实当中的例子，比如华友钴业（603799）在 2022 年一季报中披露了镍套期保值导致的浮亏。

2022 年 4 月 28 日，华友钴业公布其 2022 年一季报，公司一季度实现营收 132.12 亿元，同比增长 105.66%；实现净利润 12.06 亿元（归属于母公司股东），同比增长 84.40%。其中公司衍生金融负债飙升，截至报告期末，华友钴业衍生金融负债高达 15.68 亿元，较去年年末的 1.05 亿元增长

1 395.79%。公司称是期末公司持仓镍期货套保合约形成的浮亏所致。从公司 2021 年年报来看，华友钴业持有的衍生金融负债属于以公允价值计量且其变动计入当期损益的金融负债，主要计量公司尚未平仓或交割的套保期货合约价值。公司在报告期内持有含镍金属的存货，为了规避镍金属价格变动而造成的持有的含镍金属存货价格变动风险，采用上海期货交易所镍期货合约或 LME 镍期货合约进行套期。

2021 年，华友钴业报告期内持仓的镍期货合约形成公允价值变动损失 1.05 亿元，2021 年镍期货合约共形成损失 1.45 亿元，含镍金属的存货因被套期风险形成利得 9 476.33 万元，属于无效套期损失为 5 064.56 万元。

上面的例子是华友钴业镍套期保值的浮亏，这个浮亏的原理是：华友钴业买入了用约定的价格 p 元 / 吨卖出镍的期货合约，但是，到了约定的日期，镍的市场价格涨到了（$p+x$）元 / 吨，而华友钴业只能按照约定的价格出售，相当于亏了 x 元 / 吨（期货交易所交易的合约，不一定实物交割，可以只按照合约结算盈利或者亏损），产生了衍生金融负债。如果华友钴业真的是套期保值，那么，理论上，华友钴业应该有对应数量的镍存货，在期货合约上亏掉的钱，可以通过实物镍库存的价格上涨弥补，也就是华友钴业在买入期货合约的时候就锁定了镍的价格，此后在期货合约数量内的镍库存的价格波动对华友钴业就没有财务上的影响了。反过来，如果镍的价格从 p 元 / 吨跌到（$p-x$）元 / 吨，那么华友钴业的期货合约就赚了 x 元 / 吨，但是实物库存就亏了 x 元 / 吨。

划分为持有待售的负债与资产负债表中的持有待售资产相关。一般来说，持有待售资产和持有待售负债都必须有不可撤销的处置协议并且在可以预计的短期内（一年内）处置完毕。因此，本书把持有待售资产视为短期内马上就可以收到的现金，把持有待售负债视为马上就要支付的现金。

举个简单的例子以加深大家的理解：李某 2018 年 1 月在上海花 500 万元买了一套房子，贷款 250 万元，2023 年 1 月准备卖掉，卖出价格预计为 800 万元，持有期间已经还掉贷款 50 万元，剩余贷款为 200 万元，这个时候，李某的持有待售资产为 500 万元（会计上采用谨慎原则，不能把房子升值部分算进来，等到实际按照 800 万元卖掉的时候才能确认 300 万元的收益），持有待售负债为 200 万元。

应付利息是指上市公司要在约定时间内支付给其他方的利息。本书把应付利息列在有息债务里面的原因：一是应付利息是有息债务引起的；二是应付利息在短期内就要支付给其他方，如果不支付的话，会引起罚息。

一年内到期的非流动负债，是指原来约定的期限超过一年，但随着时间过去剩余的期限少于一年的负债。比如，A 上市公司在 2018 年 3 月 1 日取得建设银行 1 亿元的银行贷款，期限为 5 年，到了 2022 年 3 月 2 日的时候，剩余期限不到 1 年，在 2022 年 3 月 2 日以后编制资产负债表的时候，这 1 亿元银行贷款就列入了 "一年内到期的非流动负债"，而在此之前，列入 "长期借款" 项目。

租赁负债，反映资产负债表日承租人尚未支付的租赁付款额的期末账面价值，根据 "租赁负债" 科目的期末余额填列。自资产负债表日起一年内到期应予以清偿的租赁负债的期末账面价值，在 "一年内到期的非流动负债" 项目反映。这个项目以前是没有的，后来新的租赁准则要求所有的长期租赁都按照会计上的算法，先确认使用权资产和租赁负债，后面再慢慢转销。我稍微解释一下租赁负债是怎么来的：假设 A 酒店管理公司向 B 公司租了一栋大楼开酒店，租期 5 年，租金为 1 000 万元 / 年，支付方式为每半年支付 500 万元，先支付后使用，A 酒店管理公司要把未来 5 年内支付给 B 公司的租金按照合理的利率折现到现在，确认因为租赁产生的负债，比如，明年上半年要付的租金 500 万元，考虑到利息的因素，在今天值 480 万元，就确认 480 万元的租赁负债，剩余的 20 万元确认为"未确认融资费用"，相当于 480 万元付的是租金，20 万元付的是利息。租赁准则比较复杂，大家按照最简单的意思来理解：租赁负债就是一家公司按照租赁合同的约定，以后要支付给出租方的现金。比如，宁德时代在 2022 年 3 月 31 日的时候，租赁负债是 36 499 万元，这个金额就是宁德时代以后年度需要支付给出租方的钱。

在上述有息债务的项目以外，还可能有一些有息债务包括在其他流动负债和其他非流动负债中，我们需要查阅这两个项目的报表附注才能够确定是否包含有息债务。比如，科伦药业 2021 年年报中其他流动负债中的超短期融资券的金额，就属于短期有息债务。

（三）企业用本金赚回来的钱

企业用本金赚回来的钱，包括盈余公积、未分配利润等。多数企业某个年度为股东赚回来的钱，分配顺序依次为：如果有以前年度累计亏损，先要弥补亏损，也就是要把以前亏掉的本金先补上，才能分配；然后根据公司法规定，按照弥补完亏损后税后利润的 10% 提取法定盈余公积，法定盈余公积累计额已达到注册资本的 50% 时可以不再提取；接着根据公司股东大会决议，给股东分配现金股利，当然，如果股东同意也可以不分配现金股利；剩下的就是未分配利润。比如，某上市公司 2020 年为股东赚了 10 亿元净利润，先弥补以前年度未弥补亏损 2 亿元，然后按照 8 亿元的 10% 计提盈余公积 8 000 万元，接下来股东大会决定给股东分配现金股利 1 亿元，剩下的 6.2 亿元是未分配利润。在股东权益中，就是盈余公积 8 000 万元，未分配利润 6.2 亿元，两者加起来 7 亿元，这 7 亿元就是企业为股东赚回来后还留在企业的钱，通常也叫作"留存收益"。

比如，2020年12月31日，隆基股份盈余公积为11.50亿元，未分配利润为193.53亿元，加起来205.03亿元，这是隆基股份截止到这一天给股东赚回来并留在企业的钱。

除了上述股东投入的本金、企业借入的本金和企业用本金赚回来的钱三个来源包括的主要项目外，上市公司的合并资产负债表中还会有一些其他项目，比如优先股、其他综合收益、其他权益工具、库存股、少数股东权益等。按照这些项目在上市公司财报中出现的可能性来排序依次为：少数股东权益、其他综合收益、库存股、其他权益工具、优先股。下面我们按照如上顺序来解释。

很多上市公司财报中都有少数股东权益项目的金额。少数股东权益是属于合并报表中股东的钱，但是不是上市公司股东的钱。举例来理解：某上市公司有一个控股子公司，持股比例为90%，另外10%的股权为其他人持有；该子公司的股东权益为10 000万元，在编制合并报表的时候视同整个公司都由上市公司控制，因此，把子公司的资产负债权益100%合并到了上市公司的合并报表中，但是，这个控股子公司只有90%的权益是属于上市公司的，所以，在财报中要单列少数股东权益10 000万元 × 10%=1 000万元和归属于母公司（即上市公司）股东的权益。

资产负债表中的其他综合收益是一个累计余额，是公司给股东赚回来或者亏掉的钱。那么，这些钱为什么不放到净利润里面去呢？会计准则要求把这些钱直接计入其他综合收益。我举个简单的例子给大家说明一下：A上市公司在2022年1月1日花10亿元购买了B上市公司的2亿股股票，占B上市公司的股权比例不到2%，没有明确计划短期内出售（不是为了短期交易目的而持有，不能放到交易性金融资产项目里），由于在B

上市公司没有话语权（不能委派董监高，没有影响，不能放到长期股权投资项目里），就放到了资产负债表中的其他权益工具投资项目里，采用公允价值计量，公允价值的波动不能转入损益（不进利润表里的净利润或净亏损）。A上市公司在2022年没有出售B上市公司的股票。到了2022年12月31日，B上市公司每股股票的收盘价是9元，A上市公司持有的B上市公司股票市值为18亿元，相当于A上市公司赚了8亿元。A上市公司赚钱了就需要缴纳企业所得税，A上市公司的企业所得税税率是25%，那么，A上市公司赚了8亿元就要缴纳2亿元的企业所得税。不过，A上市公司没有卖掉B上市公司的股票，这8亿元还没有真正赚到手，只是在纸上算了算而已，所以税务局不要求A上市公司在2022年12月31日就交这2亿元的企业所得税，可以等到A上市公司把B上市公司的股票卖掉，真正把钱赚到手的时候再去交企业所得税。当然，如果在A上市公司卖掉B上市公司股票的时候，股价跌下去了，没有赚这么多，就不用交这么多税金，但如果股价再上涨的话，就要交更多的税金。因此，A上市公司持有B上市公司的股票，价格波动赚了8亿元，其中需要以后向税务局交2亿元税金，算在A上市公司赚的钱就是6亿元，这6亿元不在净利润的计算范围内，而是直接计算到其他综合收益，等以后卖掉了就转入留存收益。啰啰唆唆讲这么多，如果大家略过也可以，只要记住一句话：资产负债表中的其他综合收益是归股东的钱，是正数就是股东赚钱了，是负数就是股东亏钱了。

库存股是上市公司花钱回购的自己公司的股票。一般来说，上市公司认为自己公司的股价被低估的时候，会回购自己公司的股票。公司回购股票可能是打算把这些股票奖励或低价卖给员工，用于股权激励；也可能是公司准备注销这些股票，用于减少股票数量进而减少注册资本。库存股越多，在市场上流通的股票就越少。在一定意义上，回购股票相当于把钱还给了一部分股东。

其他权益工具是上市公司发行的除普通股以外的归类为权益工具的各种金融工具，比如上市公司发行的、使持有者有权以固定价格购入固定数量本企业普通股的认股权证等。大多数上市公司这个项目的金额为 0。大家记住：这也是股东或潜在股东投入的钱，要去分析其他权益工具对现有股东的影响，比如认股权证行权的话是否会稀释现有股东的利益，如果稀释的话，稀释程度多大，等等。

优先股，顾名思义，就是享有优先于普通股的分红权、清算权等。相较于普通股股东，优先股股东对公司剩余财产、利润分配等享有优先权，但是优先股股东对公司事务无表决权。优先股股东没有选举及被选举权，一般来说对公司的经营没有参与权，优先股股东不能退股，其手中的优先股只能通过优先股的赎回条款被公司赎回。优先股的优先权具有债的特征，但是不能退股具有股票的特征。对于普通股股东来说，优先股更像是上市公司的长期债务筹资。

企业资本的去处，除了前面讲的现金资产和非现金资产外，还有向债权人支付利息和给股东现金分红。正常情况下，企业用赚回来的钱支付利息和给股东现金分红，才能可持续发展；如果企业用本金支付利息和给股东现金分红，那么，企业用来赚钱的本金就越来越少，可能最后就只好清算了。

二、企业资本期限

由于现金资产和非现金资产收回现金所需要的时间不一样，企业财务管理中，最好能够做到资本来源和资产用途在时间上的匹配，也就是"短钱短用，长钱长用"，尽量避免"短钱长用"。因此，我们要关注企业资本期限。

从企业偿付现金的时间角度，我们把资本分为短期资本和长期资本。短期和长期的界限，通常以一个企业的经营周期或者一个日历年度为标准。企业的经营周期，是指企业完成从购买原材料、生产加工成产品、销售出去、收回款项的整个过程所需要的时间。在企业的经营周期短于一个日历年度的时候，我们将日历年度作为划分短期和长期的标准。大多数企业的经营周期短于一个日历年度，但是，有些企业的经营周期比较长，这个时候我们将经营周期作为划分标准。比如，船舶制造企业、飞机制造企业等，其经营周期往往长达3年以上，对于这些企业来说，3年以内需要偿付现金的资本属于短期资本，3年以上的则属于长期资本。在看企业财报的时候，我们通常以日历年度为标准。

股东投入的本金，一般情况下无须还给股东，可以无限期使用，属于长期资本。

企业自己赚回来的钱，也可以无限期使用，属于长期资本。

短期借款、一年内到期的长期借款和应付债券，属于短期资本。长期借款和应付债券，属于长期资本。

第四节　从现金看资产和资本的匹配程度

资产和资本是现金的一体两面，一边是现金的运用，一边是现金的来源。

对于债务资本来说，企业需要按照约定的时间偿还本金和支付利息。因此，我们要看企业资产和资本在时间期限上是否匹配，能否按时支付现金，即资产和资本的时间期限匹配性。

现金的运用赚取回报，现金的来源索取回报，因此，资产赚钱以满足资本回报。因此，我们要看企业资产的收益和资本的回报要求是否匹配，能否赚取足够的钱回报资本，即资产和资本的收益匹配性。

一、资产和资本的时间期限匹配性

在现实中，不同的企业资产和资本的时间期限匹配性存在着三类情况。这三类情况对应的是我在《财务报表分析与股票估值》这本书里介绍的资产结构和资本结构管理的三种策略：匹配策略、稳健策略和激进策略。

第一类情况是"短钱短用，长钱长用"，做到了资产和资本在时间期限上的吻合。这种情况下，在匹配期限内不会出现流动性风险。

第二类情况是"长钱短用"，也就是用长期的资本来源满足短期的用途。这是比较稳健的情况。

第三类情况是"短钱长用"，也就是将短期的资本来源用于长期的用途。这是一种比较激进的情况。比如，用一年期的短期贷款购置长期使用的机器设备。

按照我们前面的分析，资产分为现金资产和非现金资产。现金资产一般来说是短期用途。非现金资产包括长期股权投资和经营资产。长期股权投资需要长期资本来满足。经营资产包括周转性经营投入和长期经营资产。毫无疑问，长期经营资产需要长期资本来满足，但是，对于周转性经营投入则需要仔细分析。

对于周转性经营投入，多数人认为是短期资金用途，因为原材料马上就会被用掉、应收账款马上就会收到现金、应付账款马上就要支付给供应商，时间比较短。其实这个观点可能不太准确。我为什么要称这些投入为"周转性"经营投入呢？因为要不断地循环周转，前面的原材料用掉的同时新的原材料就补回来，前一笔应收账款收到现金的同时产生新一笔应收账款，前一笔应付账款支付给供应商的同时产生新一笔应付账款。就像自然界的江河一样，万古流淌。因此，对于多数企业来说，周转性经营投入是长期资金用途。

短期资本是短期借款和一年内到期的长期借款。长期资本是长期借款和股东权益。

掌握上述基本概念和情况，有助于分析和判断一家公司是否会面临短期流动性危机。

二、资产和资本的收益匹配性

资产是用来赚钱的，资本是要求有回报的。我们要看一家企业资产赚的钱是否能够满足资本回报的要求。这与前面讲的投资活动和筹资活动收益匹配性的逻辑是相同的：投资活动形成资产的结果，筹资活动形成资本的结果，投资活动和筹资活动的收益匹配性体现为资产和资本的收益匹配性。

资产赚钱的能力，我们通常用资产回报率（ROA）来表示，其具体计算如下：

资产回报率＝息税前利润/资产总额 ×100%

很多教材的计算公式中，分子用净利润，本书用的是息税前利润。大家要注意：在看财报的过程中，计算财务比率的时候，没有高深之处，就是小学算术中的除法而已；但是，财务比率，讲究的是分子和分母之间的因果关系。如果不存在因果关系，那么，就是毫无意义的算术。净利润是归因于资产总额吗？净利润除了与资产总额有关外，还与资本结构有关，两家相同资产规模的企业 A 和 B，A 没有有息债务，B 有有息债务，那么，在资产赚钱能力完全一样的情况下，B 的净利润会少于 A，因为 B 需要支付利息。当我们采用息税前利润的时候，就可以更好地反映资产的赚钱能力。

资本的回报要求，在财务里用加权平均资本成本（WACC）来表示。不同的资本，对回报的要求是不一样的。债务资本按约定利率收取利息，到期收回本金。股权资本的回报要求比债务资本更高一些，因为股权资本的收益在支付利息之后支付，承担最后的风险，但是，股权资本不像债务资本那样，有明确的约定利率。

从资产和资本的收益匹配性来看，有两个层次：

第一个层次，企业用资产赚的钱，至少要足够支付利息。如果企业赚的钱一直不够支付利息，那么，就只能一直用本金来弥补利息，等本金没有了之后，企业就消亡了。企业赚的钱是否足够支付利息，用利息保障倍数来衡量。

第二个层次，企业用资产赚的钱在足够支付利息之后，还应该能够满足社会平均股权资本回报率的要求。这样，企业才能获得股东的支持，不断发展壮大。

第四章

从现金看经营资产：长期经营资产

第一节　从现金看固定资产和在建工程

企业的固定资产和在建工程是企业投入现金购买和建造的，企业希望通过购买和建造固定资产赚回来更多的钱。从现金的角度，就是"现金—固定资产—更多的现金"或者"现金—在建工程—固定资产—更多的现金"。

在看固定资产和在建工程的时候，最核心的问题：未来能够收回比投入的现金还要多的现金吗？如果答案是否定的，那么，意味着企业在未来无法赚钱。

固定资产，按照字面意思理解，"固定"是指"不变动或不移动""使固定"，那么固定资产好像就是"不动的资产"，也许，最开始的时候，固定资产确实有这个意思，因为在早期的时候，固定资产主要就是固定的机器设备、房屋及建筑物，但是，现代的固定资产也包括可以移动的资产，比如飞机、轮船、汽车等。固定资产的定义是：企业为生产商品、提供劳务、出租或经营管理而持有的，使用寿命超过一个会计年度的有形资产。也就是说，固定资产是很多公司具备生产或服务能力的基础，没有固定资产也就没办法进行生产或者提供服务，比如，星巴克如果没有咖啡机就卖不了咖啡，上汽集团如果没有工厂和设备就没办法生产汽车，中国远洋没有货轮就没办法提供运输服务。

对于不同类型的公司，固定资产的重要性也不同，一般情况下，固定资产对于重资产公司来说往往是其竞争力的重要来源，而对于轻资产公司来说，固定资产可能就没有那么重要。因此，固定资产是重资产企业分析的重点，而对于轻资产公司来说很多时候可以忽略。固定资产收回钱的速度一般比较慢、周期比较长，因此对固定资产的投资属于重资产投资。

多数公司在对固定资产进行分类的时候，按照实物形态及使用方式分为房屋及建筑物、机器设备、运输设备、电子设备、其他等几大类，从财务报表的金额和实际价值来看，房屋及建筑物的报表金额往往会低于其实际价值。

一、现金—固定资产

要取得固定资产，最简单的方式就是用现金去买固定资产。外购固定资产的成本包括购买价款、相关税费以及使该固定资产达到预定可使用状态前所发生的可归属于该项资产的支出。比如，要取得厂房，可以直接花钱购买能够直接使用的厂房，此时就是"现金—固定资产"。

但是，有时候花钱并不一定能够买到适合企业需要的固定资产，或者直接买不合算，因此，还有很多企业会花钱购买材料和工程物资自己建造，这些自己建造的资产在没有完工可以使用之前，在财务上就是"在建工程"。在建工程完工可以使用的时候，就从在建工程转入固定资产。此时，就是"现金—在建工程—固定资产"。

二、固定资产—现金

企业取得固定资产，是为了赚钱，那么，如何收回更多的现金呢？

虽然不同企业的固定资产形态各异，比如百货公司主要是百货大楼，制造业企业主要是厂房和设备，远洋运输公司主要是轮船，航空公司主要是飞机等，但是，实质都是一样的，要看固定资产是不是能被有效使用并形成足够多的现金流入。

1. 固定资产的使用效率

不同企业不同形态的固定资产的使用方式不一，因此衡量固定资产使用效率的标准也不同。

比如，对于类似上海百联这样的销售企业或者类似海底捞和星巴克这样的餐饮服务企业来说，其营业场所的面积使用情况是很重要的衡量标准，通常会用每平方米营业面积带来营业收入的能力来衡量使用效率。

再比如对于航空公司等运输类公司，通常会用有效使用时间（比如客机在天上的飞行小时数）、吨公里数（货运）、客公里数（客运）等来衡量固定资产的使用效率。

又比如对于制造业企业，通常会用机器小时数、产能利用率等指标来衡量固定资产的使用效率。

一般来说，固定资产的使用效率越高，说明企业的经营情况越好，但是价格低于变动成本的情况除外。

2. 是否能够带来足够多的收入

将现金投入固定资产是不是能够收回来更多的现金，除了要看固定资产的使用效率外，还要看是不是能够带来足够多的收入。

有些企业固定资产的使用效率越高、生产的产品越多反而有可能亏损得越多。比如，一家生产和销售鲜榨果汁的商店，假设一杯鲜榨果汁的销售价格是 10 元，变动成本（不考虑折旧、租金、人员工资等固定成本，只考虑一杯鲜榨果汁需要的水果成本）是 15 元，那么，如果商店只销售一杯鲜榨果汁，只亏损 5 元，如果果汁机一天开 12 小时，生产并销售 1 000 杯鲜榨果汁，则商店将直接亏损 5 000 元。

上面的这个例子，在现实中不会发生，如果销售价格低于变动成本，果汁店要么提高销售价格，要么就直接关门了。但是，一些特殊行业的公司，会发生上述情况。比如，在 2021 年，很多火力发电的上市公司产生巨额亏损，其主要原因是 2021 年电煤成本大幅上升，导致火力发电公司每度电的销售价格低于每度电的成本，发的电越多，公司亏损越多，很多人可能会问：火力发电企业为什么不涨价？或者，为什么不直接关闭发电厂？对于第一个问题，电价不是企业想涨就可以涨的，是由国家发改委直接核定的；对于第二个问题，电力涉及国计民生，为了社会稳定，发电厂不能关闭。

所以，我们不仅要关心一个企业的固定资产使用效率，还需要关心一个企业固定资产生产出来的产品或者提供的服务是不是能带来足够弥补成本的收入。

3. 衡量固定资产使用效率的通用财务指标

怎么衡量不同企业不同形态固定资产的使用效率呢？通用的财务指标是固定资产周转率，其计算公式如下：

固定资产周转率 = 营业收入 / 固定资产账面价值平均额

固定资产账面价值平均额 =（期初固定资产账面价值 + 期末固定资产账面价值）/2

在上述公式中，我们要注意：一是营业收入的口径，可能并不是所有的营业收入都是由固定资产带来的，比如投资性房地产的租金收入等其他业务收入，因此可能分子跟分母的口径并不完全对应，但是当其他业务收入的金额比较小的时候，不影响分析结论；二是分母采用固定资产账面价值平均额，考虑到当期新增加的固定资产并没有在全年发挥作用，因此用平均额。

上述公式的意思是：固定资产账面价值是企业对固定资产的投入；固定资产生产产品或者提供服务后，产品或服务带来了营业收入；固定资产生产的产品或提供的服务越多，营业收入也就越多。因此，固定资产周转率越高，固定资产的使用效率就越高，每1元固定资产投入带来的营业收入就越多。

三、固定资产的折旧问题

现金变成固定资产的过程是企业取得固定资产的过程，而固定资产变成现金的过程就是企业固定资产折旧的过程。固定资产在使用过程中变旧直至报废，企业同时把现金收回来。

固定资产的折旧，跟固定资产变旧的方式或固定资产生产能力下降的方式有关，比较常见的方式跟时间、工作量有关，比如，大家家里的空调按照说明书里的说明大概正常使用时间是 8 ~ 10 年，所以如果我们花 3 200 元买了空调的话，可以按照 8 ~ 10 年去平均摊，大概每年折旧在 320 ~ 400 元；再比如，营运用的汽车大概行驶里程在 24 万 ~ 30 万公里，如果我们花 24 万元买了汽车的话，可以按照计算期间的行驶里程计算折旧，每公里的折旧是 0.8 ~ 1 元，假设第一年跑了 8 万公里，那么第一年的折旧就在 6.4 万 ~ 8 万元。我们通常把按照时间或者工作量去摊固定资产金额的方法称为直线折旧法。

但是，有些固定资产的生产能力的下降，不仅跟时间和工作量有关，还与相关技术的进步和迭代有关。比如，20 世纪末和 21 世纪初电脑的技术进步非常快，我们在 1999 年买的电脑，其生产能力和效率到 2000 年与新版电脑比较，就可能出现了大幅的下降，这个时候用直线折旧法可能无法反映前一电脑的实际情况，因此，在这种情况下会采用加速折旧法，就是在前期生产能力比较强、运用效率高的时候多提一些折旧，到后期少提一些折旧。

从上面的内容，大家可以看出，固定资产折旧的计提涉及很多的主观判断，比如，固定资产可以使用多长时间，固定资产变旧的方式和程度怎么确定。一般来说，固定资产折旧年限、固定资产折旧方式等存在着约定俗成的惯例，只要在合理区间范围内，都是可以接受的，但是，这个合理区间范围提供了人为调节空间。我们在看固定资产折旧的时候，一定要跟同行业其他公司去比较，看是否在可以接受的合理区间范围内。

四、固定资产的结构和成新率

对于一个企业来说，固定资产保持合理的结构，才能充分发挥其生产能力，否则很容易造成一部分固定资产的闲置和浪费。比方说，一辆小轿车的配置是 4 个轮胎 +1 个备胎，如果一辆小轿车配了 4 个轮胎 +3 个备胎，那么，多出来的 2 个备胎就形成了闲置和浪费。同理，企业的厂房面积和生产线配置、产能规模等，都要保持合理的比例。此外，对于优秀的企业来说，应该是能够用于生产经营的固定资产比例高一些，而用于其他用途的固定资产比例低一些。也就是说，虽然都列入固定资产，但是固定资产跟固定资产是不一样的，有些固定资产能够收回来更多的钱，而有些固定资产则无法收回来钱，比如，大楼里的"天价吊灯"是无法收回一分钱的。

我们还要关注企业固定资产的成新率。所谓成新率，就是新旧程度。如果一家公司的固定资产成新率太低，说明该公司的固定资产都已经很旧了。一家持续经营的公司会每年持续循环更新不同的固定资产，因此，固定资产会保持在一个比较合理的成新率。我们对不同类别的固定资产分别计算分析成新率，一般来说，房屋及建筑物的成新率低一点儿问题不大，因为房屋及建筑物的使用年限比较长，并且很多房屋及建筑物的实际使用年限都可以超过预估的使用年限，比如上海外滩的很多老建筑都已经有上百年的历史了；但是机器设备、电子设备、运输设备类的固定资产，其成新率最好能保持在 50% 左右甚至更高。财务造假的红光实业，按照其公开的财务报告信息，固定资产成新率在 18% 左右，其主营业务是彩色显像管，也就是说生产产品的机器设备都已经接近报废了。

五、在建工程什么时候转入固定资产

多数公司的重要固定资产会有在建的过程，那么，在建工程什么时候转入固定资产呢？会计准则中有非常严谨的规定。按照我们一般的理解，在建工程完工可以投入使用的时候，就应该转入固定资产。

在建工程和固定资产最主要的本质性区别：在建工程几乎不能投入正常生产带来收入（小量的试生产除外），而固定资产则处于正常生产状态。因此，在会计核算上，在建工程和固定资产有两个很大的区别：

一是在建工程不需要计提折旧，因为在建工程没有变旧带来收入；而固定资产需要计提折旧。

二是在建工程阶段，如果有借债的钱用于在建工程项目，对应的利息计入在建工程的成本；而转入固定资产后，借债的利息要计入财务费用。

举个简单的例子来解释这么处理的意思：假设一个企业在 2022 年 1 月 1 日开始建造一座厂房，自己投入 100 万元，从银行贷款 100 万元（贷款期限 3 年），年利率 4.5%，在 2022 年 12 月 31 日完工，在 2023 年 1 月 1 日投入使用，那么，建造厂房的成本是多少呢？自己投入的 100 万元 + 银行贷款的 100 万元 + 银行贷款 100 万元的利息 4.5 万元 =204.5 万元。在 2023 年 1 月 1 日以后，银行贷款每年的利息 4.5 万元就不能算成厂房的建造成本了，因为厂房已经完工了，这些利息要计入当年的财务费用。

因此，个别上市公司在业绩不佳而又存在着新建项目的时候，就会故意拖延在建工程转入固定资产的时间，以减少当期的折旧成本和财务费用，增加当期的利润。这方面最典型的例子是上市公司渝钛白 1997 年度的财务报表，该公司是中国证券市场第一家被注册会计师出具否定意见审计报告的公司，其主要原因是：在建工程完工并生产了很长时间以后，公司依然以试生产为由，没有将在建工程转入固定资产，并将巨额的利息计入在建工程的成本而不是计入当期财务费用。感兴趣的读者，可以在网上查阅详细的相关资料。

从正常的商业逻辑而言，企业应当希望在不影响安全和质量的前提下，尽快完成在建工程并投入使用，因为只有完工并投入使用后才能产生收入和现金流入。所以，当一个企业的在建工程项目长期没有完工转入固定资产的时候，我们需要高度重视，要么在建工程已经没有投资价值，要么存在着财务报表操纵。

六、收不回来现金的固定资产和在建工程怎么处理

对于企业来说，现金变成在建工程和固定资产相对容易，但是通过在建工程和固定资产收回来更多的现金则存在着不确定性。那些在建工程和

固定资产收不回来的现金，在财务上估算计提就成为"减值准备"，形成了减值损失。大家注意：现金变成非现金资产后收不回来，就是各种减值准备，现金变成无形资产后收不回来就是无形资产减值准备，现金变成商誉后收不回来就是商誉减值准备，现金变成应收账款后收不回来就是应收账款坏账准备，依此类推。计提减值准备的时候，会计的处理是：借记"减值损失"，贷记"减值准备"，减值损失进利润表，减值准备是资产的抵减项目，比如，1 000 万元应收账款中 200 万元收不回来的话，借记信用减值损失 200 万元（在利润表中作为损失扣除掉），贷记坏账准备 200 万元，在资产负债表中的应收账款按照"1 000 万元 –200 万元"后的 800 万元净额列报。

有些在建工程项目，还没有等到完工，由于市场、技术等各种因素的变化，可能就没有前途了。比如，在 2012 年的时候，某企业领导在考察市场后认为 U 盘的市场空间巨大，上马了 U 盘生产线项目，结果项目还没有竣工，由于云存储的兴起，市场前景就发生了重大变化，项目就直接停掉了，前期的很多投入都打了水漂，这些投入在建工程收不回来的钱，就形成了在建工程减值损失。比如，中闽能源 2020 年度计提在建工程减值准备公告中，三个风电场项目由于政策变化，前期投入的现金无法收回，因此计提了在建工程减值准备。

还有些固定资产，在使用过程中，由于各种因素变化，无法收回剩余成本，就需要计提固定资产减值准备。比如，蓝丰生化曾发布 2021 年度固定资产减值准备的公告，一个公告 2.9 亿元就没了。主要内容如下：

受相关政策的影响，2021 年公司本部的光气及光气化产品装置全部停车，拟进行技改重建，相关装置已无利用价值，同时公司敌草隆、乙酰甲胺磷、丙硫克百威等生产装置及构筑物以及部分环保公用工程也处于长期闲置状态，无充分利用的可能性，对公司经营业绩造成较大影响。受公司发展战略调整的影响，全资子公司宁夏蓝丰精细化工有限公司（以下简称"宁夏蓝丰"），停产的大苏打、DCB、精胺等产品不再生产，相关的生产设备及环保公用工程设备处于闲置状态，对公司经营业绩造成较大影响。根据《企业会计准则第 4 号——固定资产》《企业会计准则第 8 号——资产减值》《深圳证券交易所上市公司规范运作指引》及公司会计政策的相关规定，为真实、准确地反映公司截至 2021 年 12 月 31 日的资产状况、财务状况及经营情况，公司对本部和宁夏蓝丰现有固定资产进行了充分的分析、测试和评估，对可能发生减值损失的固定资产拟进行计提减值准备。经过对公司本部及全资子公司宁夏蓝丰固定资产状况的清查及资产减值测试后，公司拟计提固定资产减值准备合计约 28 905.13 万元。具体明细如表 4-1 所示。

表　4-1

项目	固定资产账面价值金额（万元）	可回收金额（万元）	2021年度拟计提固定资产减值准备金额（万元）
固定资产——建筑物类	11 959.96	0.00	11 959.96
固定资产——设备类	16 945.17	0.00	16 945.17
资产总计	28 905.13	0.00	28 905.13

七、如何防范在建工程和固定资产的地雷

在建工程和固定资产的地雷主要是两个方面：一是突然计提巨额减值准备的雷；二是在建工程和固定资产巨额舞弊的雷。

一般来说，在建工程计提巨额减值准备的雷在引爆之前，会存在这些迹象：在建工程项目在开始施工建设一段时间后，突然中止，在财务报告的在建工程附注中期初和期末的金额基本没有变化；在建工程长期挂在账上，没有进展，也没有转入固定资产。对于正常的企业来说，都是希望在建工程在不影响安全和质量的前提下，越快完工、越早投入使用越好，因此，一直拖着就是一个反常迹象。

固定资产计提巨额减值准备的雷在引爆之前，则往往会出现工厂停产，或者工厂生产的产品销售价格远远低于成本。比如前面的蓝丰生化计提巨额减值准备的例子就是如此。

在我国股票市场早期财务舞弊的案例中，舞弊公司一边虚增收入和利润，一边虚增应收款项或者存货，但是应收款项和存货一旦无法变现收到钱就容易短期内爆雷，比如银广夏。后期舞弊的公司在在建工程和固定资产项目做手脚，相比应收款项和存货舞弊，在建工程和固定资产的审计难度较大，并且固定资产通过多年的折旧转化为成本费用来慢慢消化，不像应收款项和存货短期内就爆雷。同时，在建工程和固定资产舞弊在现金流量表中体现为投资活动现金流量，不会影响到经营活动现金流量，可以很好地粉饰收入、利润和经营活动现金流量之间的关系。但是，如果企业的在建工程和固定资产做了手脚，通常来说会有以下一些前期特征：一是固定资产的周转率会比同行业其他企业低，这是因为虚增的固定资产是假的，不能生产产品并带来相应的收入；二是在建工程和固定资产在资产负债表中结构百分比会比较异常，其他资产没怎么增加，就这两项资产不断增加，所以它们占总资产的比例就会越来越高，有时候和同行业其他企业比甚至显得"畸形"。

第二节　从现金看无形资产和开发支出

一、无形资产的特征

　　无形资产，按照字面意思理解，"无形"是指"抽象而不具形体"，那么无形资产就是没有实物形态的资产，按这个理解的话，财务报表项目中除了无形资产项目本身以外，还有很多项目可以归入无形资产，比如使用权资产、其他权益工具投资、商誉，等等。财务报表项目中的无形资产不包括这些项目，因为无形资产会计准则中无形资产的定义为：无形资产是指企业拥有或者控制的没有实物形态的可辨认非货币性资产。严格意义上来说，目前资产负债表中的使用权资产是符合无形资产的定义应当纳入无形资产项目的，但是使用权资产和使用权负债由租赁会计准则规范，本书把使用权资产单列了出来。

　　按照会计准则的要求，可辨认的标准：①能够从企业中分离或者划分出来，并能单独或者与相关合同、资产或负债一起，用于出售、转移、授予许可、租赁或者交换。②源自合同性权利或其他法定权利，无论这些权利是否可以从企业或其他权利和义务中转移或者分离。我解释一下：资产负债表无形资产项目中的无形资产，必须是能够一一单独分离出来的，要能够列出 1、2、3、4 来，没办法做到这一点，就不能进无形资产项目。

　　在财务报表中列出金额的一个前提条件，就是必须可以计量，不能计量的话，也无法列到报表中，这就像我们夸奖一个人"很好"，但是如果我们无法打分的话，就没办法说明这个人到底有多好。

　　很多人在看到无形资产的时候，第一反应就是企业的品牌，并且有很多媒体公布各类品牌价值榜单，其实，品牌价值并没有体现在无形资产项目中，因为从会计角度来说，品牌没办法计量。品牌往往是通过历史沉淀形成的，没办法计量，因此无法体现到报表中。

还有很多人把无形资产和商誉混在一起，从广义的角度来说，商誉确实是无形资产的一部分，但是资产负债表中的无形资产项目并不包括商誉，因为商誉无法从企业单独分离出来，不具有可辨认性。

我国上市公司的无形资产主要包括专利权、非专利技术、商标权、著作权、土地使用权、特许权等，多数上市公司的无形资产中土地使用权占了大头。

按照一般人的理解，土地应该是属于有实物形态的资产，为什么把土地列入了无形资产项目呢？因为我国城市市区的土地属于国家所有，企业和个人只拥有使用权，比如多数企业的土地使用权期限是 30 ～ 50 年，个人房产的使用权期限是 70 年，使用的权利抽象而不具有具体形态，所以把土地使用权列入无形资产。按我个人的理解，土地其实更接近固定资产的性质，其赚钱的方式也跟固定资产相似，通过规模、生产能力赚钱，因此，大家在阅读财务报表的时候，把无形资产的土地使用权和固定资产合并到一起去理解和分析，看如何把钱变成土地使用权、土地使用权如何赚回来更多的钱。

真正意义上的无形资产是专利权、非专利技术、商标权、著作权、特许权等，这些资产不是通过生产能力来赚钱，而是通过排他性的定价权来赚钱，一般来说，这样的资产越多，公司的毛利率就越高。后文主要是对这些真正意义上的无形资产的讨论。

二、最容易被低估也最容易被操纵的无形资产

受会计本身的局限，在会计核算的时候，要求必须做到金额的可计

量，由于这些真正意义上的无形资产很多时候没办法可计量，因此也就很容易被低估。

第一个最容易被低估的是自行注册的商标权，在会计核算的时候，由于可计量的限制，只能把跟商标有关的注册费、律师服务费等有关费用作为商标权的价值入账，而这些费用往往金额不高，但是一旦公司发展壮大，商标权往往有很高的实际价值，这些实际价值无法反映在财务报表中。

第二个最容易被低估的是自行研发的专利权。会计准则规定，研究开发划分为研究阶段和开发阶段，研究阶段属于探索期，不确定性很大，开发阶段成功的可能性比较高，因此，研究阶段的支出费用化，开发阶段的支出先计入开发支出，等开发成功再转入无形资产。这个规定，从理论上来说很合理，但是，对于企业实际工作来说太麻烦，需要对研发部门的不同研发项目分别核算，因此，很多企业干脆把所有的研发支出费用化。由于研发支出没有资本化，也就没有转入无形资产体现到资产项目中，最终就是自行研发的专利权在财务报表上被严重低估。

比如，海康威视在其 2020 年度财务报告中披露：

内部研究开发支出

研究阶段的支出，于发生时计入当期损益。

开发阶段的支出同时满足下列条件的，确认为无形资产，不能满足下述条件的开发阶段的支出计入当期损益：①完成该无形资产以使其能够使用或出售在技术上具有可行性；②具有完成该无形资产并使用或出售的意图；③无形资产产生经济利益的方式，包括能够证明运用该无形资产生产的产品存在市场或无形资产自身存在市场，无形资产将在内部使用的，能够证明其有用性；④有足够的技术、财务资源和其他资源支持，以完成该无形资产的开发，并有能力使用或出售该无形资产；⑤归属于该无形资产开发阶段的支出能够可靠地计量。

无法区分研究阶段支出和开发阶段支出的，将发生的研发支出全部计入当期损益。内部开发活动形成的无形资产的成本仅包括满足资本化条件的时点至无形资产达到预定用途前发生的支出总额，对于同一项无形资产在开发过程中达到资本化条件之前已经费用化计入损益的支出不再进行调整。

海康威视 2020 年利润表中披露的研发费用如表 4-2 所示。

表 4-2　海康威视 2020 年研发费用

单位：元

项目	附注	本年发生额	上年发生额
研发费用	（五）47	6 378 651 762.42	5 483 811 698.36

在 2020 年发生的 63.79 亿元研发支出全部费用化了，资产负债表中开发支出的金额为 0，无形资产中的知识产权金额则只有 932.56 万元（见表 4-3），这与海康威视作为高科技公司的形象大相径庭。

表 4-3　海康威视 2020 年无形资产年末账面价值

单位：元

项目	土地使用权	知识产权	应用软件	特许经营权	合计
四、账面价值					
1. 年末账面价值	1 148 281 370.20	9 325 554.78	81 745 543.67	11 965 455.04	1 251 317 923.69

对于不同类型的公司，无形资产的重要性也不同，一般来说，专利权等无形资产对于高科技公司来说是其竞争力的重要来源。因此，无形资产

是高科技公司分析的重点。无形资产收回钱的速度一般比较慢、周期比较长，因此对无形资产的投资属于重资产投资。

由于内部研究开发支出在会计核算上的自由裁量权比较大，因此，也是最容易被操纵的项目之一。回到海康威视的例子上来，如果 2020 年海康威视把一半的研发支出资本化，那么，海康威视的利润表中研发费用将减少 31.90 亿元，而增加利润 31.90 亿元，同时资产负债表中开发支出项目将增加 31.90 亿元。因此，个别内部研究开发支出金额比较大的公司，会通过对研究开发支出的操纵来调整财务报表数字。

三、现金—无形资产

要取得无形资产，最简单的方式就是用现金去买无形资产。

无形资产中的土地使用权，就是企业花钱通过招拍挂或者交易受让的方式取得的。

无形资产中的专利权、著作权等，也可以直接花钱购买，此时就是"现金—无形资产"。但是，不像固定资产和土地使用权比较容易买到，适合企业的专利权往往不容易买到，或者直接买不合算，因此，很多企业会花钱自己搞研发。企业会计准则把研发支出分为研究阶段的支出和开发阶段的支出：研究阶段离商业化还很远，因此该阶段的支出计入当期研发费用；开发阶段在满足规定条件的情况下，往往已经能预计未来得到的经济利益，因此该阶段的支出允许计入"开发支出"项目，等到成熟的时候，就从"开发支出"转入"无形资产"。此时，就是"现金—开发支出—无形资产"。不过，如前所述，很多高科技企业不区分研究支出和开发支出，而是直接将这些支出全部费用化，也就是"现金—研发费用"，导致很多高科技企业的专利权无形资产被低估。

四、无形资产—现金

企业取得无形资产的目的是赚取现金，那么，如何收回更多的现金呢？无形资产的内容不同，其赚取现金的方式也不同。

（一）土地使用权

土地使用权赚取现金的方式，就是要发挥土地的使用效率，通用的财务指标是土地使用权周转率，其计算公式如下：

土地使用权周转率 = 营业收入 / 土地使用权账面价值平均额

土地使用权账面价值平均额 =（期初土地使用权账面价值 + 期末土地使用权账面价值）/2

上述公式的意思是：土地使用权账面价值是企业的投入；生产产品或者提供服务后，产品或服务带来了营业收入；相同面积的土地使用权生产的产品或提供的服务越多，营业收入也就越多。因此，土地使用权周转率越高，土地使用权的使用效率就越高，每 1 元土地使用权投入带来的营业收入就越多。

（二）专利权、商标权等知识产权

专利权和商标权等知识产权赚取现金的方式，是公司产品和服务的溢价，也就是说，公司通过专利权和商标权等知识产权拥有了一定程度的定价权，比如，贵州茅台的价格可以高于其他白酒厂家，苹果手机的价格也可以高于其他手机品牌。因此，有好的专利权和商标权的公司，其产品和服务的毛利率会显著高于同行业其他公司。

由于知识产权在大多数公司的资产负债表无形资产项目中都是被低估的，因此，我们需要到公司年度报告和半年度报告中的"管理层讨论与分析"中去寻找知识产权的信息并判断其价值。比如,有些公司会列出专利权的数量以及主要专利权的信息,一般来说,发明专利的价值比较大,而实用新型或者外观专利的价值则比较小。

五、无形资产的摊销问题

无形资产变成钱的过程就是企业无形资产发挥作用并在会计上摊销的过程。无形资产的摊销,跟无形资产价值的消逝方式有关,比较常见的方式是跟时间有关,比如,专利权的保护期限一般为 20 年,随着时间的流逝,专利权的价值越来越低。因此,无形资产一般按照时间进行摊销。

六、开发支出什么时候转入无形资产

虽然有一些企业会把全部研发支出费用化,但是,还是有一些企业会把满足条件的研发支出资本化计入"开发支出",那么,开发支出什么时候转入无形资产呢?企业会计准则中有非常严谨的规定。按照我们一般的理解,开发支出所对应的项目取得成功的时候,就应该转入无形资产,比如开发项目取得专利证书。

开发支出和无形资产的关系,与在建工程和固定资产的关系相似,大家可以查阅前面的论述,此处就不再重复了。

七、收不回来现金的开发支出和无形资产怎么处理

对于企业来说,现金变成开发支出和无形资产相对容易,但是把现金收回来则存在着不确定性。那些收不回来的现金,在财务上估算计提就成为"减值准备",形成了减值损失。

有些开发支出项目，还没有等到成功，由于市场、技术等各种因素的变化，可能就没有前途了。比如，百奥泰两个项目的临床试验就是在Ⅰ期和Ⅱ期时终止的，前期投入没有形成成果，只能一次性计提了减值准备。

当时百奥泰的主要公告信息如下：百奥泰生物制药股份有限公司（以下简称"百奥泰"或"公司"）研发的BAT8003（即注射用重组人源化抗Trop2单克隆抗体-美登素偶联物，以下简称"BAT8003"）和BAT1306（即重组人源化抗PD-1单克隆抗体注射液，以下简称"BAT1306"）处于临床研究阶段。近日，经公司审慎考量该药物的后续开发风险，决定终止该项目的临床试验。截至2020年12月，公司BAT8003研发项目累计投入6 156.50万元，BAT1306研发项目累计投入5 197.45万元。

还有些无形资产，在使用过程中，由于各种因素变化，无法收回账面金额，就需要计提无形资产减值准备。青山纸业2020年无形资产减值准备的公告中提到："为客观真实公允反映公司2020年度的资产价值和财务状况，按照《企业会计准则》相关规定，根据公司聘请有证券资质中介出具资产减值测试评估报告，公司对包括'一种利用超声波制浆—漂白一体化工艺'在内的28项专利技术（以下简称'超声波专利技术'）计提无形资产减值准备16 521.74万元，计提后该超声波专利技术账面净值为0万元。"相当于原先投在无形资产上的16 521.74万元，一下子就亏没了。

八、如何防范开发支出和无形资产的地雷

开发支出和无形资产的地雷主要是两个方面：一是突然计提巨额减值准备的雷；二是开发支出和无形资产巨额舞弊的雷。

一般来说，开发支出计提巨额减值准备的雷在引爆之前，会存在这些迹象：开发项目在开始开发一段时间后，突然中止，在财务报告的开发支出附注中期初和期末的金额基本没有变化；同一笔开发支出长期挂在账上，没有进展，也没有转入无形资产。对于正常的企业来说，都是希望开发项目进度越快越好，因此，一直拖着就是一个反常迹象。

无形资产计提巨额减值准备的雷在引爆之前，则往往会出现无形资产相对应的产品或者服务市场不佳的情形。比如前面的青山纸业计提巨额减值准备的例子就是如此。此外，由于无形资产的价值往往不太容易判断，因此，在上市公司并购重组中，对标的公司进行资产评估的时候，无形资产的评估价值较账面价值会出现非常高的溢价，而这些溢价并不一定是合理的，上市公司高溢价购买无形资产后，后期也容易形成无形资产出现巨额减值准备的结果（相当于并购时买无形资产花了冤枉钱）。

开发支出和无形资产巨额舞弊的情况，往往是上市公司虚增利润后，为了保持资产负债表的平衡，虚增开发支出和无形资产。比如，在康美药业的案例中，《证券市场周刊》在康美药业爆雷多年之前就曾经指出，康美药业年度报告中计入"无形资产"的地块，在卫星图像中并不存在。在上海证券交易所推出科创板后，部分公司企图通过舞弊满足高新技术企业的条件，将本不属于开发支出的支出也计入"开发支出"项目。

第三节　从现金看商誉

一、商誉如人品

截止到 2021 年 9 月 30 日，沪深证券交易所上市公司的商誉累计总额高达 1.27 万亿元。商誉通常是指企业在同等条件下，能获得高于正常投资报酬率的收益所形成的价值，即所谓的超额收益能力。这是由于企业所处地理位置的优势，或是由于经营效率高、历史悠久、人员素质高等多种原因，与同行业其他企业比较，可以获得超额收益。

商誉无法离开企业而单独存在，商誉有点儿像一个人的人品，人品也无法离开一个人而单独存在。此外，商誉和人品一样，都看不见摸不着但确实存在。

俗话说"知人知面不知心"，人品很难衡量，并且随着时间的推移人品还会发生变化。同样，商誉也很难准确地衡量，因此，商誉也是很容易受到操纵的项目，对于商誉金额巨大的公司，我们始终要保持警惕。

在会计核算上，企业自己创造的商誉因为无法计量，不能体现在财务报表中，只有在发生企业并购的时候，超过企业净资产公允价值的部分才能作为商誉体现在合并财务报表中——收购方支付的溢价。

二、现金—商誉

商誉是上市公司买企业的过程中支付出去的钱，从金额上来说不外乎存在着以下三种情形：

第一种情形，支付出去的现金 = 商誉真正的价值，此时收购方花的钱物有所值。

第二种情形，支付出去的现金 < 商誉真正的价值，此时收购方做了一笔划算的买入。

第三种情形，支付出去的现金 > 商誉真正的价值，此时收购方花了冤枉钱。

俗话说"买的没有卖的精"，在企业并购中，收购方收购失败的案例占大多数，其中主要原因是支付的价格过高（形成了巨额的商誉）。

三、商誉—现金

企业付现金买企业的目的是获得回报，那么，如何收回为商誉支付的现金呢？要看被收购企业是否给收购方带来了超额收益，包括被收购企业自身的超额收益，也包括被收购企业给收购方带来的溢出收益（比如给收购方带来渠道、经验等互补效益）。

对于跨界收购来说，一般不存在互补效益，因此只需要分析被收购企业是否存在超过同行的利润率（比如毛利率、净资产收益率等）。如果存在，那么就有商誉，否则，商誉就值不了企业收购时付出的对价，以后很难收回来。

对于同行业或者上下游收购来说，商誉的价值需要通过收购公司和被收购公司的互补效益来实现。

四、"冤大头"的商誉怎么处理

公司在收购的时候支付了过多的冤枉钱，在后期无法收回，就只能计提商誉减值准备。

城地香江 2022 年的商誉减值准备公告中写道：香江科技商誉账面原值 146 431.11 万元，商誉的形成系城地香江并购香江科技，支付对价大于并购日享有的可辨认净资产公允价值份额。基于当前市场环境判断，香江科技利润率短期内无法恢复到历史水平。依据谨慎性原则，经测算公司拟对其商誉计提减值准备 45 000.00 万～ 65 000.00 万元。

对于投资者来说，资产负债表中的商誉，绝对是一个需要警惕的项目，往往容易爆大雷。

五、如何防范商誉的地雷

对于上市公司并购，我们分析的时候一定要问：商誉是不是真的值这么多钱？从一些上市公司在并购后发布的商誉减值准备公告来说，就是前期并购的时候花了比较多的冤枉钱。但是，商誉是否物有所值的分析判断非常复杂，我提供一些简单的方法供大家参考：

一是分析被收购企业的经营历史，一般来说经营历史很短，甚至是刚刚成立的公司，商誉的水分会比较大。一家公司的超额收益能力，最好有经营历史数据来证明。比如，华谊兄弟 2015 年 11 月收购浙江东阳美拉，浙江东阳美拉于 2015 年 9 月 2 日登记成立，收购形成商誉 10.47 亿元。对于一家刚刚成立的公司，商誉是否物有所值，是很值得怀疑的，事后华谊兄弟的商誉减值也证实了商誉不值这么多钱。

二是分析被收购企业的核心竞争能力是否超过同行业其他公司，一般来说，标准化业务的公司，商誉的水分会比较大。比如，挖煤的企业要挖出商誉来就比较难；运输企业要运出商誉来也比较难。当年东方航空收购上海航空的时候形成的接近 100 亿元的商誉，也很难通过以后的航空业务变成钱收回来，因为很难说你的飞机比别人的飞机好，你的空中服务跟别的航空公司不一样，你的机票价格也很难比其他航空公司的高，这类同质化的业务很难形成超额收益。

第四节　从现金看其他长期经营资产

一、从现金看长期待摊费用

（一）现金—长期待摊费用

　　长期待摊费用是指企业已经支出，但摊销期限在一年以上（不含一年）的各项费用。长期待摊费用属于资产类科目，在资产负债表非流动资产下体现，但是长期待摊费用的最终归属是利润表中的各项费用，根据摊销期限，分期摊销到损益。

　　举个例子，比如企业对租赁的物业进行装修，包括墙体、地面等，这些装修是一大笔支出，并且可以使用多年，因此在计算利润的时候把这些支出一次性计入当年的费用，显然不太合理，但是，由于物业并非企业所有，因此这些装修支出没办法计入固定资产，所以我们就把这些支出计入长期待摊费用，在装修使用期限内摊销计入费用。表 4-4 是锦江酒店 2020 年的长期待摊费用报表附注，其中的经营租入固定资产改良支出、装修支出就是上述情况。

　　再比如，有些企业在生产制造过程中，需要使用大量的生产模具，这些模具本身的价值并不高，没有达到固定资产的标准，但是可以多次重复使用，因此，企业会将购买生产模具的钱计入长期待摊费用，在使用期间按照时间或者使用次数进行摊销。表 4-5 是宁德时代 2020 年财务报告中长期待摊费用的附注。

表 4-4　锦江酒店 2020 年长期待摊费用报表附注

单位：元

项目	期初余额	本期增加金额	本期摊销金额	其他减少金额	外币报表折算差额	期末余额
经营租入固定资产改良支出	1 808 996 156.53	155 980 375.85	334 932 346.93	14 071 719.67	2 063 750.43	1 618 036 216.21
经营租入固定资产装修支出	424 826 852.07	112 907 947.25	191 150 712.68	15 221 402.08	—	331 362 684.56
预付租金及其他	31 222 142.40	—	288 431.36	4 200 936.13	—	26 732 774.91
合计	2 265 045 151.00	268 888 323.10	526 371 490.97	33 494 057.88	2 063 750.43	1 976 131 675.68

表 4-5　宁德时代 2020 年财务报告中长期待摊费用的附注（部分）

单位：元

项目	期初余额	本期增加金额	本期摊销金额	其他减少金额	期末余额
项目改造支出	20 607 082.23	10 754 968.35	9 455 364.24		21 906 686.34
生产模具	21 117 845.08	25 444 420.28	25 116 253.98		21 446 011.38

（二）长期待摊费用—更多的现金

长期待摊费用是已经花出去的现金，是否能够收回更多的现金，取决于长期待摊费用所对应资产的使用效率。对于企业管理来说，重要的是控制好前期的长期待摊费用投入，如果在某些长期待摊费用上花的钱太多，后期往往难以收回。比如，锦江酒店的改良支出和装修支出，需要精打细算，才能保证后期的酒店经营是赚钱的。

二、从现金看使用权资产

（一）使用权资产

使用权资产是指承租人可在租赁期内使用租赁资产的权利，是《企业会计准则第 21 号——租赁》的产物。上述描述过于抽象，下面还是举个例子来说明：

假设某企业租赁了门面，租期 5 年，每年 1 月 1 日支付租金 50 000 元，那么该企业就取得了门面 5 年的使用权，按照准则规定，要确认使用权资产。这个使用权资产的金额是多少呢？假设该企业的资金成本率是 5%，那么，在第一年的 1 月 1 日签订协议的时候，支付的 50 000 元就是 50 000 元；在第二年 1 月 1 日支付的 50 000 元，从第一年 1 月 1 日看，其金额应该是 50 000 元 /（1+5%）；其余年份依此类推。各个年份的金额加总后就是使用权资产的金额。在取得使用权的同时，企业需要承担以后支付租金的义务，也就是要在资产负债表中确认相应的租赁负债。

从上面的例子，大家可以看出，其实，企业在刚获得使用权资产的时候，绝大部分的钱并没有支付给出租方，所以，从现金收付的角度，并没有相对应的现金支付出去，而只是按照会计准则的规定确认了相应的资产和负债。

　　除了租赁房屋外，还有一些特殊行业在经营活动中会存在其他使用权资产，比如航空公司租赁飞机（没有所有权，只有使用权），运输公司租赁运输设备等。表 4-6 是东方航空 2020 年财务报告中使用权资产的附注。

表 4-6　东方航空 2020 年财务报告中使用权资产的附注

单位：百万元

14. 使用权资产				
2020年				
	飞机及发动机	房屋及建筑物	其他设备	合计
成本				
2019 年 12 月 31 日余额	172 690	1 108	85	173 883
购置	7 109	1 145	135	8 389
转出至固定资产	−10 883	—	—	−10 883
处置或报废	−3 326	−85	−7	−3 418
2020 年 12 月 31 日余额	165 590	2 168	213	167 971
累计折旧				
2019 年 12 月 31 日余额	−46 226	−284	−12	−46 522
本年计提	−11 322	−948	−59	−12 329
转出至固定资产	4 481	—	—	4 481
处置或报废	3 155	79	7	3 241
2020 年 12 月 31 日余额	−49 912	−1 153	−64	−51 129
账面价值				
2020 年 12 月 31 日	115 678	1 015	149	116 842
2019 年 12 月 31 日	126 464	824	73	127 361

（二）使用权资产—更多的现金

使用权资产在企业实际使用该项资产的过程中，收回支付给出租方的现金，因此，使用权资产收回现金的能力，要看企业使用该项资产的效率。比如，对于东方航空来说，要看其运营租赁的飞机是否能赚钱，如果租赁的飞机没飞起来或者飞起来以后上座率太低，那么，使用权资产对应支付的租金就赚不回来了；反之，如果飞机有效飞行且上座率很高，那么，东方航空就赚钱了。锦江酒店租赁的酒店资产，如果客房入住率低，那么就没办法收回更多的现金，甚至亏钱。

三、从现金看生产性生物资产

生物资产主要是农业养殖行业企业的财务报表项目，指的是企业的动物和植物资产，比如，水里养的鱼、甲鱼、扇贝、珍珠贝，牧场养殖的奶牛、猪，田里种植的瓜果蔬菜，等等。

买种子或苗，雇用工人、购买化肥或饲料等花的钱，构成了生物资产的成本，也就是现金—生物资产的过程。

怎么能实现"生物资产—收回更多的现金"呢？有两种不同的情形：

一是直接卖掉生物资产收回现金，比如瓜果蔬菜、鱼、肉鸡等，我们把这类生物资产称为消耗性生物资产，其过程与一般工商企业的存货相似，后面讲周转性经营资产的时候就不重复这里的消耗性生物资产了。整个过程就是：现金—种子或苗＋种植和养殖花的现金（工人工资、水电煤费、折旧摊销等）—农产品—卖出后收回现金。

二是把生物资产作为生产资料，生产出可以销售的农产品，卖掉农产品后收回现金，我们把作为生产资料的生物资产称为生产性生物资产。比如，乳业公司的奶牛，乳业公司不是把奶牛卖掉赚钱，而是通过销售奶牛每天产出的牛奶来赚钱，这个时候奶牛就类似于一般制造企业的机器设备，因此，生产性生物资产赚取回报的原理也与固定资产相似。这样的例子在农业行业公司有很多，比如养猪公司的种猪、养鸡公司的种鸡等，都属于生产性生物资产。我们花钱把一头小母牛养成可以产奶的奶牛，这头小母牛还不能产奶的时候，是未成熟的生产性生物资产（类似于一般企业的在建工程），小母牛可以产奶的时候，是成熟的生产性生物资产（类似于一般企业的固定资产）。整个过程就是：现金—未成熟的生产性生物资产 + 养育花的现金（工人工资、饲料等）—成熟的生产性生物资产—生产成本（饲料，相当于原材料）和其他花的现金（工人工资、前期支出的摊销、其他支出等）—牛奶（相当于产品）—卖出后收回现金。

如果最后卖出收回的现金，还没有生产成本多，那么，这个生意就得不偿失，原来投入的本金都没有办法收回，这个时候就要计提减值准备。

以下是光明乳业在 2020 年年度报告中披露的生物资产的相关信息：消耗性生物资产是指为出售而持有的或在将来收获为农产品的生物资产，包括肉牛等。生产性生物资产是指为产出农产品、提供劳务或出租等目的而持有的生物资产，包括产畜和幼畜等。生产性生物资产按照成本进行初始计量。自行繁殖的生产性生物资产的成本，为该资产在达到预定生产经营目的前发生的饲料费、人工费和应分摊的间接费等可直接归属于该资产的必要支出。

光明乳业在 2020 年年报中披露的生产性生物资产的报表附注信息如表 4-7 所示，其总金额为 8.51 亿元的奶牛资产。

表 4-7　光明乳业 2020 年财务报告中生产性生物资产的报表附注

单位：元

项目	畜牧养殖业		合计
	产畜	幼畜	
一、账面原值			
1．期初余额	867 948 723	297 584 926	1 165 533 649
2．本期增加金额	300 063 963	348 518 830	648 582 793
（1）外购		8 596 293	8 596 293
（2）自行培育		339 922 537	339 922 537
（3）幼畜转入	300 063 963		300 063 963
3．本期减少金额	285 372 582	336 834 869	622 207 451
（1）处置	285 372 582	36 770 906	322 143 488
（2）幼畜转出		300 063 963	300 063 963
4．期末余额	882 640 104	309 268 887	1 191 908 991
二、累计折旧			
1．期初余额	331 956 227		331 956 227
2．本期增加金额	151 101 666		151 101 666
（1）计提	151 101 666		151 101 666
3．本期减少金额	144 090 771		144 090 771
（1）处置	144 090 771		144 090 771
4．期末余额	338 967 122		338 967 122
三、减值准备			
1．期初余额	5 712 541		5 712 541
2．本期增加金额	1 565 498		1 565 498
（1）计提	1 565 498		1 565 498
3．本期减少金额	5 712 541		5 712 541
（1）处置	5 712 541		5 712 541
4．期末余额	1 565 498		1 565 498
四、账面价值			
1．期末账面价值	542 107 484	309 268 887	851 376 371
2．期初账面价值	530 279 955	297 584 926	827 864 881

说明：截至 2020 年 12 月 31 日，本集团共拥有产畜 36 813 头（2019 年：35 985 头）、幼畜 29 334 头（2019 年：27 927 头）。

四、从现金看油气资产

油气资产是指油气开采企业所拥有或控制的井及相关设施和矿区权益。这个项目主要适用于中国石化、中国石油、中国海油这样的公司。油气资产是一种递耗资产，越开采越少。

当企业花现金获得矿区权益的时候，现金变成了油气资产；当企业开采油气并出售，收回现金。如果油气价格低于开采成本，油气企业理论上就应该停产，并且前期投入的现金无法全部收回，需要对油气资产进行减值。

五、从现金看其他非流动资产

对于没有列入固定资产、无形资产、长期待摊费用等的其他长期经营资产的投入，就列入其他非流动资产。表4-8是航民股份2020年其他非流动资产的财务报表附注。

表 4-8 航民股份 2020 年其他非流动资产的财务报表附注

单位：元

项目	期末余额			期初余额		
	账面余额	减值准备	账面价值	账面余额	减值准备	账面价值
合同取得成本						
合同履约成本						
应收退货成本						
合同资产						
预付购买污水处理资产款	70 561 783.82		70 561 783.82	70 561 783.82		70 561 783.82
预付工程及设备软件款	12 619 619.78		12 619 619.78	8 124 955.00		8 124 955.00
合计	83 181 403.60		83 181 403.60	78 686 738.82		78 686 738.82

从表4-8中我们可以看出，航民股份的其他非流动资产是预付的购买污水处理资产款、工程及设备软件款，这些现金已经付出去了，但是资产和设备还没有拿到，等拿到手的时候，这些其他非流动资产就转成"在建工程"或者"固定资产"了。从现金的角度，其过程为：现金—其他非流动资产（预付的资产和设备款）—固定资产—使用固定资产的过程把现金收回来。

第五章

从现金看周转性经营投入

第一节　什么是周转性经营投入

一个企业有了长期经营资产，还需要周转性经营投入才能发挥作用。比如，一个企业除了要有厂房、机器设备，还必须有原材料、零部件等，以及生产工人（需要工资投入），才能生产出产品。厂房、机器设备是我们前面讲的长期经营资产，原材料、零部件、工资投入则是周转性经营投入。

从商业逻辑的角度来说，一般的企业都是先在长期经营资产上花钱，然后在周转性经营投入上花钱。有时候，我在看香港证券交易所上市公司的定期财务报告的时候，比如中国石油、中国石化的财务状况表（即内地的资产负债表），在资产方先列示非流动资产，然后列示流动资产，觉得蛮符合现实商业逻辑的。当然，其实先列什么资产项目无所谓，只要我们能按照商业逻辑理解财务报表即可。

周转性经营投入的定义是：一个企业在经营活动中需要投入的现金。传统的教材中通常用"营运资本"这个概念，周转性经营投入与"营运资本"概念相当，但是，考虑到本书把这一部分列为资产的组成部分，在资产中出现"资本"的概念，感觉上有点儿奇怪，所以创造了"周转性经营投入"这个名词。

大多数人认为周转性经营投入是短期的投入，而长期经营资产是长期的投入。其实，周转性经营投入既具有短期的特征，又具有长期的特征。短期的特征，是指某批具体的周转性经营投入在短期内会变成钱收回，比如，某批原材料生产成产品卖出后就会收回相应的钱；长期的特征，是指周转性经营投入需要持续循环地投钱，比如，第一批原材料用完了，马上需要投钱买第二批原材料补库存，相当于有一笔钱要持续不间断地投在原材料上。

周转性经营投入的计算公式：

周转性经营投入 = 周转性经营资产 − 周转性经营负债

周转性经营资产，包括原材料、半成品、产成品、低值易耗品等存货，应收账款、应收票据、应收款项融资、长期应收款等销售应收款项，买原材料、劳务等的预付账款，以及经营活动中支付的保证金、押金等其他应收款。

周转性经营负债，包括应付账款、应付票据等需要支付给供应商的款项，应付职工薪酬，应交税费，合同负债（预收款项），以及经营活动中需要收取的保证金、押金等其他应付款。这部分是企业赊欠别人的现金，只要企业正常经营，那么这部分现金就可以持续循环地赊欠。

周转性经营投入跟现金的关系可以用图 5-1 来表示。

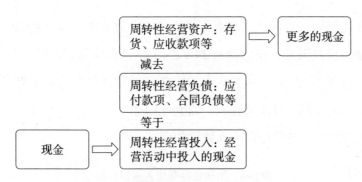

图 5-1　周转性经营投入跟现金的关系

图 5-1 比较抽象，有些读者不一定能够理解。我们换一个更加简单的例子来说明，请看图 5-2。

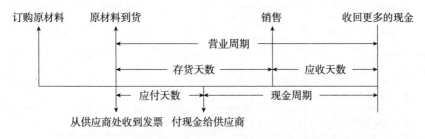

图 5-2　周转性经营投入跟现金的关系（简化版）

假设我们开了一家工厂，就其中某个产品的某一笔业务来说，其具体信息为：

根据市场情况和工厂生产计划，工厂提前两个星期向供应商发出订单订购原材料 100 万元，两个星期后原材料到货（T0），供应商给了工厂 30 天的付款期（应付天数，在 30 天内尚未投入一分钱，到第 30 天投入 100 万元），工厂经过 20 天把原材料加工成产品，投入了生产成本 20 万元（生产周期，需要投入工人工资、水电煤等费用，假设每天支付 1 万元），销售部门在产品完工后 25 天把产品以 200 万元的价格销售给客户（销售

周期，在此期间一直需要占用前面投入的 120 万元），工厂给了客户 35 天
的付款期（应收天数，在付款期 34 天内工厂没有收到钱，付款期第 35 天
收到 200 万元）。为了这笔生意，工厂在收到原材料后的第 1 天开始，陆
续投入 120 万元周转性经营投入，直到收回 200 万元。

在此期间，周转性经营投入数据如表 5-1 所示。

表 5-1　周转性经营投入模拟数据

单位：万元

时间点	活动	周转性经营资产	周转性经营负债	周转性经营投入
T−14	订购原材料	0	0	0
T0	收到原材料	100	100	0
T1 ~ T20	生产活动	在 100 万元基础上，每天增加 1 万元	100	每天增加 1 万元
T20	完工	120	100	20
T30	付款	120	0	120
T45	销售	120	0	120
T80	收款	0	0	0

从表 5-1 可以看到，由于我们占用了供应商的原材料但没有付款，在
T20 之前，我们在该笔业务中只是支付了该产品加工所需要的钱，到 T20
一共投入 20 万元；到 T30 付完原材料的钱以后投入了 120 万元，这笔钱
直到 T80 客户付款后才终止投入。

上面我们只是以一笔具体的业务来说明周转性经营投入，现实中，企
业由无数笔业务、不同的产品和服务构成，这个时候，就只能用综合的财
务数据来分析一个企业的总体情况，比如，周转性经营资产总额、周转性
经营负债总额、周转性经营投入总额、存货总额和存货周转天数（从原材

料到生产再到完成销售的周期）、应付款项总额和付款周期（收到原材料后付款给供应商的周期）、应收款项总额和收款周期（将产品销售给客户后客户的付款周期）等。

对于大多数企业来说，在经营活动中都需要投入钱，如果我们开个社区超市，就需要投钱进货，那么，怎样可以减少自己投入的钱降低资金压力呢？一方面可以要求供应商给我们更长的付款周期，另一方面可以给社区居民办理购物卡提前收取资金。

根据单笔业务的逻辑，我们后面先介绍周转性经营资产，然后介绍周转性经营负债，最后对两者做一个总体分析。

第二节　从现金看周转性经营资产

周转性经营资产是一家企业在经营环节需要投入的钱，包括存货、应收账款、应收票据、应收款项融资、合同资产、长期应收款、预付账款、与经营活动有关的其他应收款等。

一、从现金看存货

资产负债表中的存货项目，是多数上市公司金额比较大的项目之一。大多数上市公司需要备货后销售商品来取得营业收入。存货，顾名思义，就是企业存在仓库里可以随时使用或者出售的货，这些货包括原材料（随时领用）、半成品（随时再加工）、产成品（随时销售）。对于房地产企业来说，存货就是未开发的土地、在建中的房子、未销售的现房；对于船舶制造企业来说，存货就是钢材、在建中的船舶、未交付的完工船舶。一些特殊企业的存货可能不具有实物形态，比如设计企业设计中的作品，软件企业开发中的软件，等等。

（一）现金—存货

一般来说，我们需要花现金购买原材料，生产过程中需要支付工人工资、水电煤费以及前期长期经营资产投入的折旧和摊销的现金，也就是我们把现金转化为存货。

当然，很多企业在购买原材料的时候，往往不是当场付现金，而是争取让供应商给予一定的延期付款，比如，收到原材料以后30天内付款，从现金的角度，在购买原材料的时候就是应付账款—存货，等到30天付款的时候则是现金——应付账款。

有时候，企业在购买紧俏的原材料时，供应商要求企业先支付一部分货款，然后在约定日期交付原材料，付现金的时候是现金—预付账款；等到收到原材料的时候是预付账款—存货。

对于企业来说，购买原材料时是应付的方式好还是预付的方式好呢？不能一概而论，比如，对于紧俏的原材料，应付的情况下可能根本就买不到，企业要停产，在这种情况下，能预付锁定原材料反而是好事。在正常的情况下，当然是后付款对企业比较有利，因为投入现金的时间就可以短一些。我们可以设身处地思考这个问题：我们在装修房子的时候，去买装修建材和家具，是希望先送货再付款，还是先付款再送货呢？从建材商店和家具商店的角度，当然希望我们先付款再送货；从我们的角度，当然希望商店先送货再付款；最后，双方妥协，我们先付一部分定金，等商店送货上门验收后，再支付剩下的款项。

企业采购原材料时的付款方式，取决于企业跟供应商的谈判能力，如果供应商众多，企业选择的余地大，并且企业一次性或者长期的采购量很大，那么，供应商愿意做出让步，付款方式就会对企业比较有利；如果供应商很少甚至只有一个，那么原材料就具备了稀缺性，或者企业采购量比较少，此时企业的谈判能力比较弱，付款方式往往由供应商说了算。有一些大企业，会利用自己在供应链中的有利地位，取得有利的付款方式，在资产负债表中就会有比较多的应付账款，相当于占用了供应商的资金。

除了原材料以外，把原材料加工成可以对外销售的产品的过程投入的钱，也要算为存货的价值。

表 5-2 是中国石油 2020 年 12 月 31 日财务报表附注中存货的信息（数据单位为百万元人民币）。

表 5-2　中国石油 2020 年 12 月 31 日财务报表附注中存货的信息

21．存货

单位：百万元

	2020年12月31日	2019年12月31日
原油及其他原材料	35 855	56 166
在产品	12 387	15 159
产成品	80 739	112 003
零配件及低值易耗品	75	88
	129 056	183 416
减：存货跌价准备	−517	−1 495
	128 539	181 921

在 2020 年底，中国石油的存货为 1 290.56 亿元，包括原油及其他原材料、在产品、产成品和零配件及低值易耗品，其中产成品占了大头。

（二）存货能收回更多的现金吗

我们买入存货是为了卖出去收回更多的现金；收回更多的现金后用来

买入更多的存货，卖出去赚更更多的现金。因此，对于存货来说，重要的是能不能以高于成本的价格卖出去，以及是不是能够卖得多一点儿、快一点儿。比如，我们去逛夜市的时候，要买个小东西，跟摊主讨价还价，这个小东西的成本是 4 元 / 个，买一个 5 元，买十个 45 元，算平均价格的话，买十个的平均价格比买一个要低 0.5 元，但是，对于摊主来说，卖一个赚 1 元，卖十个赚 5 元。

多数存货都有保质期，因此，存货卖出的最低时间要求是，至少在保质期之前；如果考虑到客户买到以后的使用期限，需要在保质期前再留出一定的时间。一般来说，如果一家企业的存货越积越多，超过了正常的销售需求，说明企业的存货可能不太好卖，投在存货上的钱可能收不回来。

在分析上市公司能不能把存货卖掉的时候，需要结合上市公司产品或服务的下游市场未来需求。一般来说，上市公司的下游客户越多越好，需求越旺盛越好。如果下游客户过于集中，那么，上市公司在与客户谈判时往往比较被动，包括价格、付款期等条款会比较不利，需求往往也会受到大客户的压制。

在分析下游市场未来需求的时候，要特别注意的情况是市场未来需求的重大变化，包括数量的变化、技术的变化、消费者偏好的变化，等等。

比如，数量的变化方面，过去 20 年，房地产市场需求旺盛，房地产上市公司赚得盆满钵满，房地产上市公司赚钱的模式是：融资，加杠杆，买存货（土地使用权 + 开发），销售，回款赚钱—更高的杠杆，更多的存货，销售，回款赚钱……这个模式本来很好，可是接下来房地产上市公司可能遇到的情况是：融资，加杠杆，买存货，销售不出去，开发商变成了"地主"，无法回款，债务到期，破产重组。存货卖不出去，烂在手里，不要说赚钱了，甚至可能把融资的金融机构一并套进来。为了防范此类风险，住建部等部门形成了重点房地产企业资金监管和融资管理规则——"三条红线"。

再比如，技术的变化方面，原来做山寨手机的企业，赚钱的模式是：成立公司，购买零部件和生产（组装山寨机）存货，销售，赚钱—更多的零部件，更多的存货（山寨手机），更多的销售，赚更多的钱……，结果，没有控制好节奏，在最后一轮循环中，更多的零部件和山寨机没有销售出去，苹果智能机来了，企业捏了一堆存货在手里，没办法收回现金。所以，对于变化节奏快的行业的企业来说，判断什么时候见好就收是非常重要的事情。

还比如，消费者偏好的变化，比较典型的如服装行业，如果服装企业按照上一季的流行款式生产，本季消费者偏好变化，存货就只能打折处理甚至成为废品。因此，服装行业的很多公司最后都是"死"于库存。

如果我们到菜市场买菜的话，可以发现菜市场里的摊主每天都会去批发市场进货，或者批发市场每天都会按照摊主的要求送货，以保证蔬菜新鲜。对于摊主来说，最好是当天进的蔬菜当天卖掉，若卖不掉，第二天蔬菜就会不新鲜甚至腐烂。要做到这一点很难，因为如果进货少了，当天可以卖完但可能不够卖，进多了可能卖不掉，因此，理想的状态可能是根据以前的数据测算出每天的需求量，保证进货量和需求量之间的大致平衡。按照理想状态，摊主当天进货、当天卖完，我们把进货到卖完之间的时长，称为存货周转时长，那么，摊主的存货周转时长就是1天。再举个例子，如果某房地产企业1月1日拿地开发，到当年12月31日这一天把开发好的房子全部卖掉，那么，该房地产企业的存货周转时长是1年。存货周转时长越短，企业卖出存货的速度就越快。

我们上面讲的例子都是比较简单的情形，对于大型企业来说，其存货比菜摊摊主的蔬菜要复杂得多。那么，我们如何去分析计算大型企业卖出存货的速度呢？我们仍旧以菜摊为例来说明，然后推导出大型企业的情况。我们假设摊主每天进货 600 元，当天以 1 000 元的价格卖掉，也就是 1 天卖 1 次，这就是存货周转次数，其计算公式如下：

存货周转次数 = 销售成本 / 存货

在菜摊的例子中，一天的销售成本就是当天的进货成本 600 元，进货后的存货为 600 元，因此，一天的存货周转次数为 600 元 /600 元 =1 次。

如果我们把天数延长到两天的话，销售成本就是 1 200 元，但是菜摊上的存货并没有增加，还是 600 元，两天的存货周转次数为 1 200 元 /600 元 =2 次。如果 1 年 365 天的话，那么菜的周转次数就是 365 次。

与存货周转次数相关的指标还有存货周转天数：

存货周转天数 = 计算期天数 / 计算期存货周转次数

计算期天数是计算期间的时长，比如，在菜摊的例子中，如果我们一天一算，那么，计算期天数是 1 天，计算期存货周转次数是 1 次，那么，菜的周转天数就是 1 天；如果计算期天数为 365 天，在此期间菜的周转次数是 365 次，那么，菜的周转天数为 365 天 /365 次，还是 1 天。

存货周转次数多、周转天数短，说明企业的东西卖得好、卖得快，不愁销路，反之，则说明存货不太好卖。对于那些存货的增加幅度明显超出公司业务需求的上市公司，大家要多个心眼：存货不是目的，赚现金才是目的，存货异常增长，要么有可能是财务报表舞弊，要么有可能是公司管理出现重大失误。如果一家上市公司存货周转次数越来越少，存货周转天数越来越长，这往往是坏事，甚至是一个危险的信号：因为有可能存货是假的，是不存在的，没办法销售掉转化为销售成本，在计算存货周转次数的时候，分子不变，分母越来越大，存货周转次数越来越少。

短期内存货的增加幅度明显超出公司业务需求的一个例外情况是：存货本身在不断升值。比如，在房子价格不断上涨的情况下，有些房地产上市公司慢慢开发早期拿到的土地使用权，坐等土地使用权升值，也是赚钱的一种方式。再比如，在锂矿价格不断上涨的情况下，锂矿企业等价格上涨到一定高度再卖出库存，导致存货金额上升。

（三）无法收回现金的存货：营业亏损与存货跌价准备

卖不动的存货怎么处理呢？

一是直接打折卖。当打折到销售价格低于产品成本的时候，就形成了营业亏损，比如，成本为 100 元的商品，销售价格为 90 元，卖一个亏 10 元，就是营业利润为 -10 元。

二是对于仓库里还没有实际销售出去但是卖不动的存货，要预计是否能够把当初投入的现金收回来，如果收不回来的话，就要计提存货跌价准备。比如，2021 年年报信息披露期间，多家房地产公司公告了计提巨额存货跌价准备的信息，比如：

2022 年 2 月 19 日，在给深圳证券交易所的回复函中，阳光城集团股份有限公司（000671，以下简称"阳光城"）披露 2021 年有 7 个项目计提了超过 2 亿元的存货跌价准备，总额为 26.2 亿元。阳光城用了不少篇幅来解释计提存货跌价准备的理由。一方面是 2021 年房地产行业政策调控升级，市场需求迅速下滑，行业销售整体下挫严重，为进一步促进销售回款，该公司采取了降价措施。另一方面，2021 年行业信用风险事件频发，境内外评级机构接连下调阳光城的评级，导致该公司再融资受阻，回款流动性大幅受限，客户信心受到重挫，客流量大幅下降，对其销售构成很大影响。该公司表示，对 2022 年房地产市场的销售量价预期持谨慎态度。

业绩预告公布的当天，深圳证券交易所就发出了关注函，要求该公司说明计提大额减值的合规性与合理性等。在 2 月 19 日的回复函中，阳光城列出了计提超过 2 亿元存货跌价准备的 7 个项目的具体情况，仅仅是这些项目，计提的总额就达到了 26.2 亿元。而该公司在 2019 年、2020 年的计提额分别为 5 亿元、8 亿元。

根据阳光城披露的信息，该公司计提金额最多的是珠三角的一个项目，总货值超过 150 亿元，占地面积 33 万平方米，分年分期开发。项目前期开发的地块已达到结算时点并贡献利润，而剩余地块则受周边竞品的开发商持续采取"低价走货"策略影响，为应对竞品降价，加速现金回笼，阳光城将售价由 2.23 万元 / 平方米降低至 1.98 万元 / 平方米，导致售价无法覆盖项目成本，根据成本与可变现净值孰低法测算，预计跌价金额约 6.3 亿元。

除了上述项目外，阳光城还有两个项目是因为周边竞品均采取降价走量策略，不得不跟进降价，导致售价无法覆盖成本。此外，该公司位于福建的一个项目受疫情及项目所在城市市场预期影响，叠加市场对其流动性风险预期，成交量持续下滑严重，选择了降价促销，售价由 2.74 万元 / 平方米下降至 2.15 万元 / 平方米，因此计提了 4.8 亿元的存货跌价准备。另一个项目虽然尚未开盘，但鉴于市场下行和限价等原因，也将售价预期从 8.72 万元 / 平方米下调到了 6.42 万元 / 平方米。

（四）如何防范存货的地雷

如果存货存在地雷的话，一般来说是两个方面：一是虚构存货；二是存货卖不动所带来的巨额损失。

1. 虚构存货

虚构存货，就是做假账，这是性质非常恶劣的财务报表舞弊。

一般的企业虚构存货比较困难，因为会计师事务所在审计存货的时候都会进行存货盘点，所以，虚构存货的企业其存货往往具有特殊性，我们遇到这些特殊的存货的时候，要多加小心，"防雷秘籍"是看不懂就别碰。具体如下：

一是不容易盘点甚至是无法盘点的存货，比如，海产养殖企业的扇贝、医药公司种在山上的人参，等等。

二是多地点存放的存货，比如，连锁企业的存货、贸易企业的多仓库存货等，有时候这些存货的所有权都因伪造单据而存在舞弊。

三是无法确定价值的存货，比如，主要从事珠宝首饰业务的东方金钰就存在着严重的存货造假。

四是需要鉴定质量等级的存货，当这类存货数量庞大的时候，无法对所有的存货确定相应等级，容易形成存货舞弊，比如，羊绒的价值与其质量等级密切相关，但是羊绒的数量又过多，会计师事务所无法在审计过程中确定所有羊绒的等级，从而留下了舞弊的空间，当年中银绒业的巨额原绒存货就存在着严重的造假。

2．巨额存货跌价准备

存货的第二个雷，就是存货卖不动甚至根本就卖不出去，导致企业巨亏。前面讲了2021年房地产企业计提巨额存货跌价准备的情况。那么，对于这类地雷，我们应该如何防范呢？

如果对某些领域有非常专业的研究，那么，防范这些领域的存货风险的最好方法就是预测存货在未来的市场情况，包括市场需求、市场价格走势等。比如，如果能够在2020年预判中国房地产2021年的走势，那么，就可以躲过2021年房地产企业集体计提存货跌价准备的地雷。因此，需要尽量避免投资市场前景不佳的行业和公司。

但是，对于多数人来说，很难对不同企业的存货在未来的市场情况做出判断，那怎么办呢？从计提巨额存货跌价准备的企业案例可以发现，这一类企业有一个特点：存货周转天数比较长、企业业务调整难度比较大。比如，我国房地产企业的存货周转天数一般在 2～3 年，一旦拿地后终止开发很难，也就是说，其实房地产企业 2021 年的亏损，实际上是 2018 年，2019 年，2020 年的房地产项目引起的。因此，防范巨额存货跌价准备的另一个方法就是：尽量避免投资存货周转天数过长、业务调整难度太大的企业。

二、从现金看销售的应收款项

（一）现金—存货—应收款项和合同资产

企业的现金变成存货后，存货怎么变成更多的现金呢？当卖掉存货的时候，有可能是一手现金一手货或者先收现金再发货，但是，大多数企业是先发货再收现金。当企业先发货再收现金的时候，没收到的现金就是应收款项。在没有收到现金之前，企业需要一直在应收款项上投入一笔周转性的现金。对于应收款项来说，最核心的点在于：到了约定日期，是否能把现金收回来！

上市公司通过销售商品、提供劳务产生的收取款项的权利，在资产负债表中对应的项目就是应收票据、应收账款、应收款项融资和长期应收款。

"应收票据"项目，反映资产负债表日以摊余成本计量的、企业因销售商品或提供服务等收到的商业汇票，包括银行承兑汇票和商业承兑汇票。

"应收账款"项目，反映资产负债表日以摊余成本计量的、企业因销售商品或提供服务等经营活动应收取的款项。

"应收款项融资"项目，反映资产负债表日以公允价值计量且其变动计入其他综合收益的应收票据和应收账款等。

"长期应收款"项目，包括融资租赁产生的应收款项、采用递延方式具有融资性质的销售商品和提供劳务等产生的应收款项，以及经营租赁产生的应收款项等。实质上构成对被投资单位净投资的长期权益，也通过本科目核算。

上面的内容引用自财政部的文件，专业论述看起来比较抽象。对于非金融企业来说，除了长期应收款中对被投资单位净投资的长期权益外，大家统统理解为：这是上市公司在未来合同规定期限内可以收取的现金，这些现金是销售活动带来的。

在资产负债表中，通常把长期应收款列在非流动资产中，本书是按照企业经济活动的性质来归类的，由于多数企业的长期应收款是销售业务形成的，因此，把它放在销售应收款项中。如果长期应收款是由于其他原因产生的，则具体分析具体处理，比如构成对被投资单位净投资的长期权益，可能放到长期股权投资或者金融资产中比较合适。

那么，通过销售商品、提供劳务获得的应收款项，是多一点儿好还是少一点儿好呢？很多人想当然地认为少一点儿好。我们要考虑的是应收款项后面所代表的活动：应收款项实际反映的是上市公司跟下游客户之间的谈判能力。如果上市公司生产的是供过于求的标准化产品或者服务，那么下游客户在谈判中就会占据优势地位，上市公司就不得不给下游客户很优惠的价格和很长的信用期限，上市公司的应收款项就会比较多。如果上市公司生产的是供不应求的差异化产品或者服务，下游客户无法找到替代者，那么，上市公司在谈判中就会占据优势地位，上市公司就拥有定价权并给予客户很短的信用期甚至现款现货，上市公司的应收款项就会比较少；少数强势上市公司要求客户预付货款才供应商品或服务，此时上市公司的应收款项很少，而预收款项和合同负债很多，关于预收款项和合同负债后面会详细讲解。大家可以通过寻找预收款项和合同负债金额远远高于竞争对手的公司，来寻找有竞争优势的公司。

对于跟客户没有谈判优势的上市公司来说，应收款项是其赚钱必须经过的一个环节，如果应收款项金额大幅下降，很可能是销售环节出了问题，后续有可能会出现经营困难。此时，如何判断应收款项金额的合理性呢？一是看公司财务报表附注中关于应收款项的账龄以及坏账准备的计提情况；二是计算公司应收款项的周转天数，跟公司的历史比是否延长，如果延长是坏事，跟同行业比是否高于行业均值或者中位数，如果高也是坏事。

应收款项在历史上是公司财务报表舞弊的重灾区之一，包括金额舞弊、账龄舞弊等。比如金额舞弊，因为上市公司要做出报表上的经常性损益，就必须增加销售商品、提供劳务的收入，但是由于虚假的收入不能真正收到钱，所以只能挂在应收款项项目上，导致应收款项跟滚雪球一样越来越多。这方面最典型的案例就是银广夏财务舞弊案，销售舞弊、收入舞弊、应收款项舞弊一条龙，公司利润表告诉大家赚了很多钱，你问它赚的钱在哪里，它告诉大家手里是没有钱的，只有一大堆应收账款。有兴趣的读者可以在网络上找银广夏的相关资料看看。

类似银广夏这样的应收款项舞弊案，发生在中国资本市场早期，手段还是比较粗糙的，外部投资者也比较容易发现：应收款项的增长速度远远超过营业收入的增长速度，应收款项的周转速度越来越慢，应收款项在整个资产中所占的比重越来越高，都会凸显出应收款项的异常。应收款项增速过快、金额过大，对于多数公司来说都是一个潜在的风险，毕竟，应收款项并非公司真正赚到手的钱，只有拿到现钞才能算数。2021年，从上海电气开始爆发的连环财务地雷，再次证明了这个道理。

（二）应收款项能不能收回来现金

应收款项的核心是：能不能如期收到现金？如果都能及时收到现金，那么，应收款项就是顺畅周转。所谓周转，就是"现金—应收款项—现金—应收款项—……"的不断循环。

假设我们办了一个企业，每天的销售额都是100万元，收款期是销售后的第30天，那么，第1天的销售额100万元在第31天收到，第2天的销售额在第32天收到，可以依此类推，这就是应收款项顺畅周转。如果某天的销售额后期没有收到，那么，就是应收款项中断了周转。

跟应收款项周转有关的两个财务指标是应收款项周转天数和应收款项周转次数：

应收款项周转天数 = 计算期天数 / 计算期应收款项周转次数

计算期应收款项周转次数 = 销售收入 / 应收款项

在上述计算公式中，计算期是我们选择的时间段，比如，我们选一年，那么计算期就是365天，对应的营业收入就是一年的营业收入；选一个月，那么计算期就是30天，对应的营业收入就是一个月的营业收入。

以上面假设的企业为例，30天的销售额为100万元 / 天 ×30天 = 3 000万元，30天的应收款项金额为100万元 / 天 ×30天 =3 000万元，周转次数为1次，周转天数为计算期天数30天 /1 次 =30天。

如果我们选60天的计算期，那么销售额为100万元 / 天 ×60天 =

6 000 万元，应收款项的金额依然是 100 万元 / 天 × 30 天 =3 000 万元（第 1 天的应收款项在第 31 天收回，依此类推，应收款项的金额一直保持在 30 天的水平），周转次数为 6 000 万元 /3 000 万元 =2 次，周转天数为计算期天数 60 天 /2 次 =30 天。

在 60 天计算期的情况下，如果其中某 10 天的钱没有收回来，那么，此时应收款项的金额就变成了"正常的 30 天对应的 3 000 万元 +10 天异常没有收回的 1 000 万元"，此时，周转次数为 6 000 万元 /4 000 万元 =1.5 次，周转天数延长为计算期天数 60 天 /1.5 次 =40 天，因此，应收款项周转次数下降，周转天数延长，反映企业的应收款项收回钱的环节出了问题。

（三）可能无法收回现金的应收款项：信用减值损失

无法收回现金的应收款项，给企业造成了损失。如果企业在销售的时候就知道这笔应收款项收不到现金的话，那么，企业也就不会提供商品或者服务给这个客户了。因此，企业在销售的时候，往往会对客户进行信用管理，对于信用良好的客户才会给予应收款项信用额度。但是，客户的信用会随着时间而变化，当前财务状况良好、信用度高的客户，过一段时间后可能会出现财务危机，信用下降。

对于可能无法收到现金的应收款项，会计上不是等客户破产清算了才确认损失，而是在销售完成形成应收款项的时候就要预估可能的损失。比如，企业在 1 月因销售形成 2 000 万元的应收款项，其中 200 万元的应收款项是 A 客户的，该客户在企业发货后突然遇到重大政策变化（比如 2021 年的教育培训公司），导致企业很可能无法收回，企业需要对该笔 200 万元应收款项单独估计损失，假设扣除该客户可能的偿还金额后损失在 180 万元；剩下的 1 800 万元都是一般客户的，企业根据历史经验预估大概有 5% 可能收不到钱，金额为 90 万元；两者相加，可能无法收到钱的应收款项为 270 万元，这就是企业需要计提的坏账准备（资产负债表中的应收款项按照扣除坏账准备后的净额 1 730 万元列示），同时反映为利润表中的信用减值损失。

对于信用减值损失，一种是金额重大且客户存在特殊情况下的单独计算；另一种是合并计算，计算的时候，可以考虑该笔应收款项的历史情况，一般来说，超过合同约定的收款时间越长，收到钱的可能性越低，按照应收款项的时间长度考虑坏账的可能性的方法称作账龄分析法。

计提的坏账准备是我们估计的，那么，如果最后的实际结果跟我们前期估计的不一样怎么办呢？最后的实际结果跟我们前期的估计有三种情况：

一是我们前期估计的坏账准备跟最后的实际结果完全一样，比如，我们估计 1 月的应收账款坏账是 270 万元（A 客户 180 万元和其他客户 90 万元）并计提了坏账准备，后期实际坏账跟估计的一样也是 270 万元，那么，企业在后期只需要核销收不到钱的应收账款。

二是我们前期估计的坏账准备大于最后的实际结果，比如，我们估计 1 月的应收账款坏账是 270 万元（A 客户 180 万元和其他客户 90 万元）并计提了坏账准备，后期 A 客户引进投资者增加了资本实力，偿还了全部应收账款，其他客户的实际坏账跟估计的一样是 90 万元，那么，企业在后期要核销收不到钱的应收账款 90 万元，同时还要转回 A 客户的 180 万元。这种情况的影响是：在 1 月的时候多确认了 180 万元的信用减值损失和坏账准备，在后期转回 180 万元的坏账准备的同时要减少信用减值损失，换句话说，相当于 1 月减少了 180 万元的利润，同时后期增加了 180 万元的利润。我们经常听到财务上说"洗大澡"，其意思是：亏损的时候干脆多亏点儿，一次亏个够，洗得干干净净，等后期再调回来。比如，有些上市公司在亏损的年份，干脆再多提点儿各类坏账准备，等以后年度这些应收款项收到钱的时候，转回坏账准备并且增加利润（前期估计会损失的钱后期收回来了）。

三是我们前期估计的坏账准备小于最后的实际结果，比如，我们估计1月的应收账款坏账是270万元（A客户180万元和其他客户90万元）并计提了坏账准备，后期实际坏账是300万元（A客户分文无收，实际坏账200万元；其他客户再增加10万元到100万元），那么，企业在后期还要再增加确认30万元的坏账损失。

（四）如何防范应收款项的地雷

应收款项比较常见的地雷：一是虚构销售的应收款项（无中生有）；二是提前确认应收款项；三是延后确认应收款项；四是应收款项发生巨额坏账损失；五是操纵坏账准备的金额。比较严重的虚构销售的应收款项和巨额坏账损失的地雷，很容易给投资者造成重大损失。

1. 虚构销售的应收款项

虚构销售的应收款项跟虚构销售业务紧密联系在一起。有些企业为了夸大营业收入，虚构销售业务，在营业收入没有收到钱的情况下，虚增应收款项。

绝大多数财务报表舞弊的公司，主要是为了让营业收入和利润的金额大一点。因为营业收入和利润的金额大了可以带来各种各样的好处：营业收入和利润的规模上去了，企业就可以IPO募集资金或者增加银行贷款；营业收入和利润的规模上去了，IPO募集的资金或者银行贷款就可以多一点儿；营业收入和利润的规模上去了，上市公司的股价就可以上涨，大股东或其他利益相关者就可以套现；营业收入和利润的规模上去了，公司的高管就可以拿更多的奖金和工资……不能说所有的财务报表舞弊都是为了收入和利润，但是，可以说绝大多数财务报表舞弊是为了收入和利润。

在我国资本市场早期阶段，财务报表舞弊的手段比较粗糙，有些上市公司（如银广夏）直接虚构销售业务，但是这些销售业务无法收到现金，就将这些业务的收入全部记在应收款项中，导致应收款项的金额跟滚雪球一样越来越多。类似这样的粗糙手段，其实是比较容易发现的，我们只要理解应收款项的形成过程，就知道应收款项是与销售收入成一定的比例关系的，一般来说，应收款项随着销售收入的增加而增加（应收款项是由于销售给予客户的信用而形成的）。因此，应收款项不断增加而营业收入没有同比例增加的话，应收款项周转天数就会不断延长，应收款项周转次数就会不断降低，此时很可能存在着应收款项舞弊。

当前，应收款项舞弊的手段在不断升级，有些上市公司在营业收入和应收款项舞弊的同时，会进行现金流舞弊，比如，A 上市公司虚增营业收入和应收款项，为了避免应收款项滚雪球的情况，A 上市公司在虚增对客户 C 公司的销售和应收款项的同时，会将自己的钱通过采购的方式转给 B 公司，B 公司转给 C 公司，C 公司支付给 A 上市公司的时候，A 上市公司作为收到客户 C 公司的应收款项的钱来处理。当然，上述 B 公司和 C 公司其实都是 A 上市公司可以控制的企业。外部投资者比较难以察觉这类应收款项舞弊。

2. 巨额应收款项的坏账准备

对于应收款项金额比较大的公司，我们还需要小心其突然计提巨额坏账准备的风险。比如，在 2021 年，随着中国恒大陷入债务危机，很多中国恒大的供应商因应收款项存在着收不到钱的巨大风险而计提了巨额坏账准备，导致 2021 年巨额亏损。其中，中国恒大的供应商金螳螂披露的业绩预告如下，从 2020 年的盈利 23.74 亿元转为 2021 年的亏损 40 亿～50 亿元，具体如表 5-3 所示。

表 5-3　金螳螂披露的业绩预告

1. 业绩预告期间：2021 年 1 月 1 日至 2021 年 12 月 31 日。		
2. 业绩预告情况：预计净利润为负值。		
项目	**本报告期**	**上年同期**
归属于上市公司股东的净利润	亏损：400 000 万～500 000 万元	盈利：237 391.53 万元
扣除非经常性损益后的净利润	亏损：403 000 万～503 000 万元	盈利：228 928.15 万元
基本每股收益	亏损：1.51～1.88 元 / 股	盈利：0.88 元 / 股
营业收入	2 450 000 万～2 750 000 万元	3 124 322.78 万元
扣除后营业收入	2 450 000 万～2 750 000 万元	3 124 322.78 万元
注：扣除后营业收入，是指扣除与主营业务无关的业务收入和不具备商业实质的收入后的营业收入。		

金螳螂业绩预告中的业绩变动原因说明如下：

公司业绩变动的主要原因是对客户 ⊖ 应收项目计提减值准备。

1. 公司在为客户提供装饰装修业务服务过程中，收取了客户开出的商业承兑汇票。因客户资金周转困难，出现商业承兑汇票逾期未兑付情况。

⊖　指中国恒大。

截至 2021 年 12 月 31 日，公司持有该客户应收票据、应收账款等应收债权共计 77.30 亿元，其中，逾期未兑付票据 24.96 亿元，未到期票据 17.6 亿元，应收账款 16.76 亿元，以资产抵偿票据 17.98 亿元（部分以资产抵偿票据存在因监管部门要求退回原抵偿资产的情况）。

公司管理层对截至 2021 年 12 月 31 日该客户应收款项的可回收性进行了分析评估，认为减值迹象明显。

公司就上述事项继续与相关各方展开沟通与协商，并积极寻求主管部门的协助，努力寻求化解方案，采取各种措施维护公司和广大投资者利益。

（1）积极通过财产保全、法律诉讼等途径主张装修工程款的优先受偿权，加快推动立案、保全等手续，维护公司及广大投资者的合法权益。

（2）积极推动办理以资产抵偿票据涉及资产的抵入手续，锁定债务债权。

（3）配合各地政府推进相关在建项目复工和交付的工作，积极推动前期工程账款的解决，在确保有监管账户优先支付项目的应收工程款和后续施工资金的前提下，推动项目的完工和交付。

2. 公司根据市场环境变化，加强了风险管理，停止承接该客户相关业务，并谨慎承接其他地产类相关业务。剔除地产类业务影响外，公司其他各项业务均保持稳定发展。

那么，如何防范这类巨额坏账损失的地雷呢？我认为可以从以下两个方面入手：

一是关注上市公司的应收款项的客户情况，如果单一客户或者少数几个客户的应收款项占比太高，则应收款项出现重大风险的可能性会比较大；反之，如果应收款项的客户分布比较分散，则相对安全一些，毕竟所有客户都出现财务危机的可能性要低一些。像金螳螂这样给予中国恒大一家企业高达 77.30 亿元的应收款项信用额度，风险就比较大，相当于金螳螂把自己的命运跟中国恒大捆绑在了一起。

二是关注上市公司所处行业的情况，尤其是行业下游的情况。比如，如果房地产行业整体形势都比较严峻，那么，装修公司、建材公司、建筑公司就有可能收不到应收款项的钱。

（五）从现金看合同资产

合同资产是对应收账款科目做出的进一步增补，根据《企业会计准则第 14 号——收入》，合同资产是指企业已向客户转让商品而有权收取对价的权利，且该权利取决于时间流逝之外的其他因素。比如，企业向客户销售两项可明确区分的商品，合同规定交付了 A 商品后还不能收款，只有在交付 B 商品之后才有收款权利。企业应当将对于 A 商品的收款权作为合同资产。

合同资产是不是看起来有点儿像应收账款？那么，"合同资产"和"应收账款"有什么区别？实际上，合同资产是来完善应收账款的，以前放在应收账款里的，符合一定条件的需单独拎出来，放到合同资产里。从实际操作来看，大多数上市公司合同资产为 0 元，在少数情况下，能够有一小部分应收账款符合合同资产的确认条件，能够单独拎出来，放到合同资产里。

三、从现金看预付账款

预付账款是指企业按照购货合同的规定，预先以货币资金或货币等价物支付给供应单位的款项。从现金的角度看，这个过程为：现金—预付账款—收到商品或者劳务，相当于先付钱后收货。从对企业有利的角度来说，当然是先收货后付钱更好。因此，正常情况下，一般企业应该不会有很多的预付账款，除非企业在采购中处于绝对的谈判劣势地位，比如，上游的供应商只有一家或者少数几家并且该产品供不应求，这个时候企业为了锁定未来的原材料供应，往往会预先支付一部分货款。

对于预付账款很多的企业，我们要小心预付账款在未来收不到产品或者劳务的风险，也就是"钱花了，东西却没了"。此外，还有一些上市公司通过预付账款的方式，把现金转移给大股东或者利益相关方，这涉及非法侵占上市公司利益，但由于预付账款的隐蔽性，往往在短期内难以察觉。

从现金的角度看生意模式，最差的生意模式是：上游巨额的预付账款，自己巨额的存货，下游巨额的应收账款。这类公司，风险巨大。

比如，2021年凯乐科技计提了预付账款、存货和应收账款巨额减值准备，三者占全了，这就是最差的生意模式。凯乐科技 2021 年 8 月 31 日的公告《湖北凯乐科技股份有限公司关于计提公司大额预付账款和应收账款预期信用损失、存货跌价准备和控股子公司商誉减值准备的公告》中写道："公司对预付账款、应收账款、存货和商誉进行了相关减值测试，并就相关测试与会计师进行了沟通。2021 年上半年度公司的应收账款预期信用损失计提金额为人民币 0.42 亿元，预付账款预期信用损失计提金额为人民币 48.78 亿元，存货跌价准备计提金额为人民币 1.86 亿元，上海凡卓商誉减值准备 5.21 亿元，合计计提人民币 56.27 亿元减值损失。"

四、从现金看其他应收款

前面讲的是销售形成的应收款项，那么，不是销售形成的应收款项，比如，企业去投标的时候支付、在投标结束的时候可以收回来的保证金，或者支付给其他方但是以后可以收回来的押金，等等，这一类应收款项，就放入其他应收款。可以这么说，只要不是销售形成的应收款项，都可以放入"其他应收款"。

表 5-4 是宁德时代 2020 年年报中其他应收款的附注，该公司在 2020年 12 月 31 日有 37.28 亿元其他应收款，其中应收保证金或押金占了大头。

表 5-4　宁德时代 2020 年年报中其他应收款的附注

单位：元

款项性质	期末账面余额	期初账面余额
应收员工款项	316 436 903.31	80 469 334.60
应收保证金或押金	2 794 849 280.11	3 297 990 921.63
应收其他款项	616 664 557.73	1 450 817 420.57
合计	3 727 950 741.15	4 829 277 676.80

这些其他应收款相当于宁德时代在经营活动中需要持续投入的周转性的现金，比如，应收员工款项中，有一部分是员工预借的差旅费，等到出差结束报销销账，不过，对于公司来说，今天张三出差，明天李四出差，后天王五出差，明天张三核销，后天李四核销，一直会有一笔预借差旅费在账上。从现金的角度，上述过程为：现金—员工预借差旅费—员工花掉后进入费用，在利润表中反映—出差形成的成果赚回来更多的现金。

对于无法收回现金的其他应收款，跟前面讲的销售应收款项一样，需要计提坏账准备。

由于其他应收款是一个大"筐"，什么都可以往里装，因此，其他应收款也很容易被一些上市公司用来掩藏不太规范的业务甚至是财务报表舞弊。我们需要关注其他应收款的金额是否合理，如果金额过大，那么，还需要仔细分析其他应收款的明细项目。

五、从现金看递延所得税资产和递延所得税负债

资产负债表中还有两个比较难理解的项目：递延所得税资产和递延所得税负债。这两个项目形成的原因，简单来说，就是会计和税法的处理不一样。比如，会计上要求企业估计可能发生的资产减值损失，前面讲了应收款项的坏账准备和存货的跌价准备等，但是，税法上在计算企业所得税的时候，不能把这些作为损失从利润中扣减掉。假设 A 公司的利润总额是 1 000 万元（已经扣减掉了 200 万元的资产减值准备），但是税法要求以 1 200 万元为基数计算应该缴纳的企业所得税。大家可以想象一下，如果税法允许企业按照扣减掉减值准备的利润总额缴纳企业所得税的话，企业就可以通过调整减值准备想多缴就多缴，想少缴就少缴，因此，税法不允许企业在随意扣减减值准备后计算应该缴纳的企业所得税。回到上面 A 公司的例子，假设该公司适用 25% 的企业所得税税率，按照会计计算，只需要缴纳 250 万元企业所得税，按照税法计算要缴纳 300 万元企业所得税，这个时候，企业要按 300 万元缴纳企业所得税，比会计上多缴的 50 万元，就是递延所得税资产，其意思是：以后 A 公司的减值准备损失真的发生的时候，可以少缴税，相当于税务局欠了该公司 50 万元。

再比如，A 公司在 12 月 1 日买了某上市公司的股票 1 000 万元，到 12 月 31 日上涨到了 1 500 万元，但是 A 公司没有实际卖掉，因此，A 公司从账上看赚了 500 万元，不过这个钱还没有真正赚到手，因此，会计上利润是 500 万元，税务局不要求现在去缴税（税务局要求卖掉股票后钱真

正赚到手的时候缴税），这部分没有缴纳的税就是递延所得税负债，其意思是：公司欠了税务局 500 万元利润所对应的企业所得税。

我们可以这么理解：递延所得税资产是企业今天多缴税，以后可以少缴税，相当于税务局欠公司的现金；递延所得税负债是企业今天少缴税，以后要多缴税，相当于公司欠税务局的现金。税务局欠公司的现金是递延所得税资产，公司欠税务局的现金是递延所得税负债。

六、从现金看其他流动资产

除了前面讲到的周转性经营资产外，我们把其他周转性经营资产放到了其他流动资产项目中。表 5-5 是宁德时代 2020 年年报中其他流动资产的附注，2020 年底都是跟税金有关的其他流动资产，相当于宁德时代现在多缴、未来可以抵扣回来的税金。

表 5-5　宁德时代 2020 年年报中其他流动资产的附注

单位：元

项目	期末余额	期初余额
进项税额	410 500 212.90	394 039 690.98
待认证进项税	544 510 281.16	852 271 495.02
以摊余成本计量的金融资产		400 496 072.60
预缴所得税	14 230 045.15	1 009 404.34
合计	969 240 539.21	1 647 816 662.94

不过，其他流动资产包含的明细项目有点多，并非所有其他流动资产都是周转性经营资产。表 5-6 是航民股份 2020 年年报中其他流动资产的附注，其中的委托贷款及其利息，显然归类为现金资产更合适。

表 5-6 航民股份 2020 年年报中其他流动资产的附注

单位：元

项目	期末余额	期初余额
合同取得成本		
应收退货成本		
留抵增值税进项税额	6 195 184.86	23 274 954.41
黄金租赁增值税进项税额	92 964 955.72	98 008 181.92
待摊租金	1 077 795.30	1 073 883.89
预缴企业所得税	4 796 046.33	3 028 065.21
委托贷款及其利息	200 328 493.15	
合计	305 362 475.36	125 385 085.43

第三节 从现金看周转性经营负债

周转性经营负债是企业在经营活动中形成的循环发生的负债，虽然在标准资产负债表中列为流动负债，但是在企业持续经营的情况下，周转性经营负债的总额其实具有长期周转的特征。可以这么说，某一笔周转性经营负债是短期的，但是，周转性经营负债的总额往往是长期的。

举例来说，A 企业每天都要采购原材料 100 万元，客户给了 30 天的付款信用期，那么，第 1 天采购后应付账款为 100 万元，到第 30 天时应付账款总额为 3 000 万元，第 31 天支付第 1 天的应付账款 100 万元，同时当天采购增加 100 万元应付账款，总额依旧为 3 000 万元，依此类推，此后应付账款一直保持在 3 000 万元，循环周转下去。再比如，企业向职工支付了上个月的工资但是欠了本月的工资，因此企业一直欠着职工一个月的工资，应付职工薪酬一直循环欠下去。可以用图 5-3 来表示周转性经营负债和现金之间的关系。

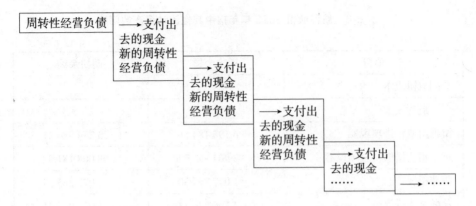

图 5-3   周转性经营负债和现金之间的关系

周转性经营负债包括应付账款、应付票据、预收款项（合同负债）、应付职工薪酬、长期应付职工薪酬、应交税费、其他应付款（与经营活动有关的押金、保证金等）、预计负债、其他流动负债、递延收益、递延所得税负债、其他非流动负债（与经营活动有关的明细项目金额）等。本书对于负债的划分，不是按照流动负债和非流动负债的标准，而是按照与什么活动有关——是与经营活动有关还是与筹资活动有关，与经营活动有关的就是周转性经营负债，与筹资活动有关的就是有息债务。

周转性经营负债是企业欠别人的钱，未来需要支付现金或者需要交付产品或者提供服务给对方。对于负责任的企业，**我们需要记住：收回周转性经营资产的现金存在着不确定性，但是欠别人的钱到期时是一定要支付的；周转性经营资产是软性的，周转性经营负债往往是刚性的**。比如，应收账款可能会坏账，但是应付账款到支付日一定要支付给相关方，否则企业的信用就会破产。

应付票据项目，反映资产负债表日以摊余成本计量的，企业因购买材料、商品和接受服务等开出、承兑的商业汇票，包括银行承兑汇票和商业承兑汇票。从名称就可以看出来，银行承兑汇票是银行承诺兑付的汇票，商业承兑汇票则是由开具汇票的企业承诺兑付，因此银行承兑汇票的信用度高于商业承兑汇票。2021年就有很多拿了中国恒大开具的商业承兑汇票的供应商在汇票到期的时候没有拿到钱，相当于拿了一把白条。比如A企业在向B企业购货的时候，货款没有支付现钱，而是给了B企业商业承兑汇票，B企业不接受商业承兑汇票，A企业换成银行承兑汇票给B企业，在到期日，银行必须无条件支付汇票写明的金额给B企业。银行为了控制风险，一般要求付款人在银行存入相应的银行承兑汇票保证金。大家在阅读财报中的货币资金附注时，会发现有些企业的银行存款用途受到了限制，其中就包括银行承兑汇票保证金。

表5-7是绿地控股2020年年报中应付票据的附注，从附注中可以看出绿地控股在2020年12月31日商业承兑汇票为210.96亿元，银行承兑汇票为44.83亿元。房地产公司的资金比较紧张，因此，在2020年、2021年很多房地产公司都给供应商开具了商业承兑汇票，相当于通过占用供应商的资金来融资。这种情况下，如果房地产公司的项目开发、建设、销售顺畅的话，在房地产公司资金回笼后，供应商可以收回自己的钱；但是，一旦房地产公司的销售出现问题，供应商的钱就会面临很大的风险。中国恒大的例子充分说明了这一点。

表 5-7　绿地控股 2020 年年报中应付票据的附注

单位：元

种类	期末余额	期初余额
商业承兑汇票	21 095 775 764.58	9 355 301 361.79
银行承兑汇票	4 483 262 966.01	1 801 849 496.26
合计	25 579 038 730.59	11 157 150 858.05

表 5-8 是隆基股份 2020 年年报中应付票据的附注,隆基股份没有商业承兑汇票,全部是银行承兑汇票,对于隆基股份的供应商来说不存在收款的风险,不过需要隆基股份在银行存入相当金额的保证金。

表 5-8　隆基股份 2020 年年报中应付票据的附注

单位:元

种类	期末余额	期初余额
商业承兑汇票		
银行承兑汇票	10 974 916 004.45	8 111 877 027.54
合计	10 974 916 004.45	8 111 877 027.54

应付账款项目,反映资产负债表日以摊余成本计量的,企业因购买材料、商品和接受服务等经营活动应支付的款项。跟应付票据相比,应付账款没有给对方票据,只是凭着双方的信任。

隆基股份 2020 年年报中应付账款的附注如表 5-9 所示,从期初(2019 年 12 月 31 日)的 56.02 亿元增加到期末(2020 年 12 月 31 日)的 111.69 亿元。

表 5-9　隆基股份 2020 年年报中应付账款的附注

单位:元

项目	期末余额	期初余额
应付货款	11 169 277 619.28	5 602 048 097.26
合计	11 169 277 619.28	5 602 048 097.26

绿地控股 2020 年年报中应付账款的附注如表 5-10 所示,从期初(2019 年 12 月 31 日)的 1 996.24 亿元增加到期末(2020 年 12 月 31 日)的 3 027.16 亿元。

表 5-10　绿地控股 2020 年年报中应付账款的附注

单位：元

项目	期末余额	期初余额
1 年以内（含 1 年）	219 446 455 880.53	155 812 577 945.16
1 年以上	83 269 143 457.65	43 811 387 346.16
合计	302 715 599 338.18	199 623 965 291.32

应付票据和应付账款都是企业赊了产品或者服务以后欠的钱。这两个项目反映了企业跟供应商打交道的能力，如果企业与供应商谈判的时候占据优势地位，则会获得比较好的价格以及付款条件，包括一定的延后付款期限，这个时候财报上的应付票据和应付账款金额就会比较大；反之，应付票据和应付账款的金额就会比较小，甚至企业需要采用预付款的方式，此时资产负债表中预付款项的金额就会比较大。在企业资金正常、持续经营的情况下，企业先拿货或者先接受服务然后再付款，相当于占用了供应商的资金，当然好处多多：一是减少企业自己的资金投入；二是占用的资金还可以产生一定的资金收益。但是，我们需要警惕企业无力支付应付票据和应付账款导致两者金额越累积越多的情况，这是企业出现经营危机和财务危机的预兆。那么，怎么区分正常的资金占用和面临危机的异常应付款项呢？我们首先要清楚应付票据和应付账款的产生是因为采购，因此，可以通过衡量应付票据和应付账款占采购金额的比例来判断是不是正常的自己占用，这个比例偏离历史平均值比较大往往是危机的预兆。

预收款项（合同负债）是指企业向客户预先收取的款项，以前用预收款项这个名词，现在改为合同负债。从项目的含义可以看出，对于企业来说，合同负债就是先收钱后干活或者后交货，这当然是好事：一是先收钱，可以避免坏账的发生；二是先收钱，用别人的钱做生意，自己不投钱就可以开展经营活动，并且收到的钱还有利息收入；三是只要干活或产品的成本不超过价格，就是稳赚。当然，要先收钱再干活或交货，也是要有点儿"看家本领"的，也就是企业的产品或者服务要具有稀缺性并有巨大的市场需求，供不应求，这时企业才有可能有高额的"预收款项（合同负债）"。某种程度上，我们可以通过这个项目来考察企业的产品或者服务的核心竞争能力以及市场需求情况，与同行业其他企业相比，企业该项目金额越大，企业的核心竞争能力越强、市场需求越大。

应付职工薪酬、长期应付职工薪酬是企业欠职工的钱，应交税费是企业欠税务局的钱，这些都比较好理解。一般来说，应付职工薪酬在企业员工规模没有大幅增加的情况下，应该比较平稳。

预计负债，是指企业预计可能发生的负债，这个钱很有可能要付出去，但也有可能不用付。我举一些预计负债的例子：比如，汽车厂商把汽车销售出去后，一般都提供一定期限内或者一定里程内的质量保证，这其实就是汽车厂商欠购车客户的钱，但是这个钱只有在发生约定的质量问题时才付，如果没有发生约定的质量问题就不用付，那么，这个负债怎么预计出来呢？一般来说，汽车厂商根据历史经验来预计，如果以前每销售出去1万辆车大概有10辆车会发生约定质量问题，每辆车需要2万元来维修保养，那么当月销售了10万辆车，就在报表中确认预计负债200万元，注意，上述数据只是举例说明，并不一定完全符合现实。再比如，A公司为B公司的银行贷款提供了担保，到期后B公司没钱还贷款，就要判断A公司在这个担保中可能承担的还款金额，并确认为预计负债。还比如，A公司和B公司双方产生了合同纠纷并在法院诉讼过程中，如果A公司很有可能要赔一笔钱给B公司，那么A公司就要确认这笔钱为预计负债。

　　表 5-11 是隆基股份 2020 年年报中预计负债的附注，在 2020 年 12 月 31 日隆基股份的产品质量保证产生的预计负债为 9.07 亿元。

表 5-11　隆基股份 2020 年年报中预计负债的附注

单位：元

项目	期初余额	期末余额	形成原因
产品质量保证	476 930 834.07	845 200 236.28	销售组件产品计提的产品质量保证金
其他	39 580 000.00	61 952 710.08	
合计	516 510 834.07	907 152 946.36	—

　　表 5-12 是绿地控股 2020 年年报中预计负债的附注，明细项目比较多。

表 5-12　绿地控股 2020 年年报中预计负债的附注

单位：元

项目	期初余额	期末余额	形成原因
对外提供担保	50 000 000.00	50 000 000.00	
未决诉讼	83 802 459.39	128 546 962.35	
产品质量保证	87 868 822.92		
重组义务		85 551 045.36	
待执行的亏损合同		51 743 000.41	
应付退货款			
其他		29 867 700.00	
合计	221 671 282.31	345 708 708.12	—

　　递延收益项目一般来说与政府补助有关。政府为什么会给企业补助呢？这往往是因为企业开展了或即将开展政府鼓励的经营活动（比如研发、环保等），或者生产了政府鼓励的产品（比如新能源汽车），在政府

补助对应的活动或者产品没有完成的时候，这些补助相当于企业欠政府的钱，企业只有干完活或者生产完产品，这个钱才是自己的钱，这个钱就放在递延收益项目中。由于与经营活动有关，一般把递延收益归为周转性经营负债。政府补助的会计处理比较复杂，非会计专业人士不一定要去学习具体的会计处理，只需要明白，对于企业来说，政府补助当然是越多越好，因此，政府补助形成的递延收益的金额也是越大越好。

表 5-13 是隆基股份 2020 年年报中递延收益的附注，期初（2019 年12 月 31 日）政府补助形成的递延收益为 5.17 亿元，2020 年新增加政府补助 2.38 亿元，2020 年完成了一些政府补助对应的任务，递延收益减少8 082 万元（这部分钱一般反映在利润表中的其他收益或者营业外收入中），期末政府补助的递延收益为 6.74 亿元。

表 5-13　隆基股份 2020 年年报中递延收益的附注

单位：元

项目	期初余额	本期增加	本期减少	期末余额	形成原因
政府补助	516 595 134.18	238 185 040.02	80 823 513.37	673 956 660.83	
合计	516 595 134.18	238 185 040.02	80 823 513.37	673 956 660.83	—

隆基股份还在附注中披露了政府补助的详细信息，如表 5-14 所示。

其他应付款项目应根据应付利息、应付股利和其他应付款科目的期末余额合计数填列。应付利息和应付股利反映企业的筹资活动，所以，在分析周转性经营负债的时候要把这两个科目下的金额排除在外。应付利息在支付之前归为有息债务，应付股利在支付之前归为所有者权益（因为在支付给股东之前依然由企业使用）。其他应付款是一个筐，不能列到具体项目的应付款项都装到了"其他应付款"这个筐里，因此要看其明细附注来了解具体构成。

表 5-14 隆基股份在递延收益附注中披露的政府补助详细信息

单位：元

负债项目	期初余额	本期新增补助金额	本期计入营业外收入金额	本期计入其他收益金额	其他变动	期末余额	与资产相关/与收益相关
固定资产投资奖励	255 444 359.58	153 144 740.02		44 725 597.86		363 863 501.74	与资产相关
年产 1GW 以上单晶硅棒和单晶硅片的智能化生产能力奖励	49 085 657.86			5 609 789.52		43 475 868.34	与资产相关
银川经济技术开发区重大项目扶持资金		29 199 000.00		556 171.43		28 642 828.57	与资产相关
国家机器人项目	29 978 632.49			3 128 205.12		26 850 427.37	与资产相关
三重一创补贴款		18 468 300.00		2 067 613.92		16 400 686.08	与收益相关
硅片智能化控制及运输生产线的研发与应用补助	17 000 000.00			864 406.79		16 135 593.21	与资产相关
转型升级专项资金	12 424 000.10	3 000 000.00		1 665 149.45		13 758 850.65	与资产相关
宁夏隆基公租房补助	10 624 035.17			781 435.07		9 842 600.10	与资产相关
工业和信息化发展专项资金年产 5GW 单晶硅棒建设项目	9 047 707.05			1 122 997.80		7 924 709.25	与资产相关
工业机器人购置项目专项资金补助		7 736 000.00		773 599.92		6 962 400.08	与资产相关
高效晶硅材料低能耗金刚线切割工艺系统节能改造项目	6 808 801.76			1 016 949.12		5 791 852.64	与资产相关

（续）

负债项目	期初余额	本期新增补助金额	本期计入营业外收入金额	本期计入其他收益金额	其他变动	期末余额	与资产相关/与收益相关
资源节约和环境保护中央预算内投资补助	6 714 285.74			1 342 857.12		5 371 428.62	与资产相关
银川隆基公共住房专项补助资金	5 557 109.05			502 500.00		5 054 609.05	与资产有关
海陵区财政局 2018 年省科技成果转化专项资金	5 384 615.40			615 384.60		4 769 230.80	与资产相关
高新区经贸局固定资产补贴	5 848 854.68			1 132 036.32		4 716 818.36	与资产相关
金刚砂线薄片切割技术改造项目	5 388 938.40			842 105.28		4 546 833.12	与资产有关
2016 年技术改造引导资金（第一批）项目（850MW 技改项目）	5 256 410.26			841 025.64		4 415 384.62	与资产相关
年产 500MW（二期）单晶硅棒建设项目	5 333 333.35			1 333 333.32		4 000 000.03	与资产相关
智能工厂、绿色工厂化数字车间专项资金		3 000 000.00		138 888.91		2 861 111.09	与资产相关
其他	86 698 393.29	23 637 000.00		11 763 466.18		98 571 927.11	与资产相关/与收益相关
合计	516 595 134.18	238 185 040.02		80 823 513.37		673 956 660.83	

表 5-15 是隆基股份 2020 年年报中其他应付款的附注，其中：设备款 58.63 亿元是隆基股份欠设备供应商的钱，显然属于投资活动（购建固定资产）；应付股权转让款 7.12 亿元是隆基股份收购其他公司的股权欠该公司原股东的钱，也属于投资活动（投资支付的现金）；工程款 2.13 亿元是隆基股份欠施工方的钱，也属于投资活动；剩下的运杂费、质保金、电费等，则与经营活动的关系更加密切。

表 5-15　隆基股份 2020 年年报中其他应付款的附注

单位：元

项目	期末余额	期初余额
设备款	5 862 885 028.19	2 926 223 317.48
应付股权转让款	712 115 231.47	
运杂费	489 817 510.21	152 820 183.61
质保金	416 916 849.15	143 483 060.29
应计费用	229 535 036.38	74 507 439.47
工程款	213 055 895.86	91 912 453.53
保证金	112 699 976.23	82 294 883.41
电费	41 930 258.86	58 315 784.13
代理佣金	30 996 812.92	8 129 716.68
限制性股票回购义务	114 889.13	22 526 342.00
其他	501 815 027.00	284 612 457.00
合计	8 611 882 515.40	3 844 825 637.60

其他流动负债是一个兜底的项目，没办法列入具体流动负债项目的内容都放到其他流动负债中。表 5-16 是隆基股份 2020 年年报中其他流动负债的附注，比较简单，就是待转销项税额 4.35 亿元。

表 5-16　隆基股份 2020 年年报中其他流动负债的附注

单位：元

项目	期末余额	期初余额
待转销项税额	434 652 976.40	
合计	434 652 976.40	

　　绿地控股 2020 年年报中其他流动负债的附注包含的内容比较多，具体如表 5-17 所示，其中：短期应付债券是要付利息的，属于筹资活动的有息债务；非金融机构融资的 37.27 亿元也属于筹资活动的有息债务；剩余的项目如待转销项税额，则属于经营活动负债。

表 5-17　绿地控股 2020 年年报中其他流动负债的附注

单位：元

项目	期末余额	期初余额
短期应付债券	1 528 709 444.44	1 413 726 930.00
应付退货款		
待转销项税额	42 393 498 623.41	34 540 666 134.33
应收款转让		1 258 775 330.53
储备基金	192 393 921.47	172 646 987.23
应收票据背书	1 660 291 419.03	583 246 669.20
非金融机构融资	3 727 467 308.74	
其他	92 278 018.54	92 749 484.38
合计	49 594 638 735.63	38 061 811 535.67

第四节　从周转性经营资产和周转性经营负债看商业模式

　　从周转性经营资产和周转性经营负债对企业现金影响的角度，可以把商业模式分为以下四类。

一、最好的商业模式

应付款项是先拿货再付款产生的，相当于供应商给企业提供了信用，企业占用了供应商的现金。本质上，应付款项反映企业与供应商在谈判中的地位。对于企业来说，供应商的数量多一点儿比较好，这个时候企业在谈判中处于优势地位，可以从供应商处争取比较好的信用条件，应付款项就会比较多。最牛的企业是有无数的上游供应商，本环节全球只有自己一家企业，这个时候，企业就可以有比较多的应付款项。

在库存环节，如果不考虑库存涨价因素，那么库存本身是不创造价值的，因此，日本企业界有"库存是一种罪恶"的说法，要尽力压缩库存。对于企业来说，压缩库存的最好策略就是以销定产，也就是管理会计里的"订单拉动式生产"，而不是"生产推动式销售"。这种情况下，企业可以减少在库存环节的现金投入。

应收款项是先发货再收款产生的，相当于企业把钱给别人用，客户占用了企业的现金。本质上，应收款项反映企业与客户在谈判中的地位。对于企业来说，客户的数量多一点儿比较好，这个时候企业在谈判中处于优势地位，可以从客户处争取比较好的付款条件，应收款项就会比较少，甚至全部都是预收款项（合同负债）。最牛的企业是有无数的下游，本环节全球只有自己一家企业，这个时候，企业就可以有比较多的预收款项。而深层次的原因，则是企业拥有独特的核心竞争力——基于专利技术、品牌等其他企业无法复制的能力。

上游应付款项比较多，自己以销定产，存货比例合理，甚至在精益管理情况下基本接近零库存，下游预收款项比较多，这是最好的商业模式。在这一模式下，企业基本上不需要自己投入现金做生意，就可以赚回来很多钱。

二、一般的商业模式

优秀的企业毕竟是少数，大多数企业都是一般的商业模式。

在一般的商业模式下，企业的供应商比较多，但是供应商的客户也比较多。对于供应商来说，你不买我的，我就卖给别人，因此，供应商不会给企业特别优惠的信用条件，只会给予行业基本信用条件。企业无法占用太多供应商的现金。

在库存环节，能压缩库存甚至接近零库存的企业也是少数，多数企业都要先备货再销售，因此，都会有跟行业基本一致的库存水平。企业必须投入一定数量的现金到库存上。

多数企业下游的客户比较多，但是客户的供应商也比较多，企业不给客户信用条件的话，客户就找其他供应商，因此，企业很难收到预收款项，而只能保持一定数量的应收款项。

在这一模式下，上游应付款项一般，自己的存货保持行业水平，下游应收款项一般，企业在经营活动中需要投入比较多的现金。对于该模式下的企业来说，如果能够做到应收款项周转天数和应付款项周转天数相当，就很不错了。

三、比较差的商业模式

还有一些商业模式比较差的企业。

在比较差的商业模式下，企业的供应商不太多，因此，供应商给企业供货的时候要求一手钱一手货，企业无法占用供应商的现金。

在库存环节，企业要准备很多货物以满足客户的需要，必须投入很多现金到库存上。

企业的客户不多，企业不给客户信用条件的话，客户就找其他供应商，因此，企业有比较多的应收款项。

在这一模式下，上游没有应付款项，自己的存货比较多，下游应收款项很多，企业在经营活动中需要投入非常多的现金。在极端情况下，甚至企业的利润还不够经营活动吃掉的现金，企业为了开展经营活动需要不断地输入现金。

四、最差的商业模式

在最差的商业模式下，企业的供应商寡头垄断甚至是独家垄断，因此，供应商给企业供货的时候要求预付货款，企业有很多的预付款项。

在库存环节，企业要准备很多货物以满足客户的需要，必须投入很多现金到库存上。

企业的客户只有少数几个甚至只有一个，企业不给客户信用条件的话，客户就找其他供应商，因此，企业有巨额的应收款项。

在这一模式下，上游是很多的预付款项，自己的存货比较多，下游应收款项很多，企业在经营活动中需要投入非常多的现金。该模式下，整个经营链条中任何一个环节出问题，都有可能给企业造成巨额的损失。

第六章

从现金看营业收入、成本费用和利润

上市公司的资产带来利润，其中经营资产带来经营利润，长期股权投资带来长期股权投资收益，现金资产带来现金资产利润。

对于多数实业经营的企业来说，主要的利润来自经营活动带来的收入所产生的经营利润，长期股权投资收益和现金资产利润作为补充。

下面首先重点介绍与经营活动相关的营业收入、成本费用、经营利润，然后介绍长期股权投资收益和现金资产利润。

第一节　经营利润

经营利润，是一家企业通过经营活动赚得的钱。

投资型公司或者金融机构赚的钱主要来自金融资产利润和长期股权投资收益。我国上市公司多数为实体经营企业，它们赚钱的方式以经营利润为主。

经营利润，由营业收入减去与经营活动相关的成本费用后计算得出，具体过程如表6-1所示。

表 6-1 经营利润的计算过程

营业收入	
减：营业成本	
减：税金及附加	
减：销售费用	
减：管理费用	
减：研发费用	
减：资产减值损失	
减：信用减值损失	
加：资产处置收益	
加：其他收益	
加：营业外收入	
减：营业外支出	
经营利润	

在计算过程中，营业收入减去营业成本、税金及附加、销售费用、管理费用、研发费用，应该很好理解。但是，很多读者都会对把从资产减值损失开始的项目列入经营利润的计算存在疑问，我在此解释一下：

资产减值损失，包括现金资产减值损失、长期股权投资减值损失、经营资产减值损失。我们在归类计算现金资产利润、长期股权投资收益和经营利润的时候，应当把各自的减值损失扣减掉。考虑到绝大多数上市公司的资产减值损失主要是经营资产减值损失，因此，在金额不大的情况下，我们可以近似地把资产减值损失视为经营资产减值损失，从而作为经营利润计算的减项。

在我国监管部门的文件中，资产减值损失和资产处置收益归为非经常性损益，是因为其发生具有偶然性、一次性等特征。这里归为经营利润的减项，是因为经营资产减值损失体现了上市公司的经营管理能力：经营管理能力好的公司，经营资产减值损失就少；经营管理能力差的公司，经营资产减值损失就多。比如，商誉巨额减值爆雷往往发生在滥收购的上市公司，而管理优秀的上市公司很少会发生支付过高溢价的并购，从而几乎不会发生商誉巨额减值的事情。

信用减值损失，对于实体经营的上市公司来说，主要就是应收款项的坏账准备，反映的是企业对客户信用管理的能力，包括选择什么样的客户、给予多少金额的信用额度以及多长时间的信用期限等。

其他收益，主要是与日常活动相关的政府补助，也就是政府给的钱。政府给上市公司补助，是因为上市公司开展了政府鼓励的经营活动，所以，这里把其他收益算在经营利润中。

营业外收入和营业外支出，如果是现金资产引起的，归为现金资产利润；如果是长期股权投资引起的，归为长期股权投资收益；如果是经营资产引起的，归为经营利润，比如经营用的资产处置获取的利得就归为经营利润。上述信息，在营业外收入和营业外支出的附注中都有详细披露。不过，大多数上市公司的营业外收入和营业外支出金额不大，并且主要由经营资产引起，所以可以近似地把其归为经营利润计算项目。很多读者会产生疑问：营业外支出中的捐赠支出，好像跟哪一类资产都没有关系，为什么也要作为经营利润的减项呢？我个人的看法是：上市公司的捐赠支出，是为了树立公司的良好形象和履行各类社会责任，以有利于开展经营活动，因此，是公司经营活动的一部分。

第二节　从现金看营业收入

经营利润是经营型企业最主要的赚钱方式，而经营利润的起点是营业收入，因此，营业收入是利润表项目的重中之重。

一、营业收入的信息披露

在上市公司年度报告中，营业收入信息披露的篇幅与一般项目相比要多得多。

1. 作为主要数据的披露

在上市公司年度报告"第二节　公司简介和主要财务指标"中，营业收入作为主要会计数据，会披露连续三年的金额以及最近一年的同比增长情况；在该节的分季度主要财务数据中，会披露每个季度的营业收入金额。

2. 作为管理层讨论与分析的重点内容

在上市公司年度报告"第三节　管理层讨论与分析"中，披露营业收入的金额以及变动的主要原因，对营业收入和成本进行分析，包括但不限于分行业、分产品、分地区、分销售模式的营业收入和成本情况。

比如，万华化学在 2021 年年度报告中披露的收入和成本信息如表 6-2 所示。

2. 收入和成本分析

√ 适用　□ 不适用

报告期内，由于产品产销量增加，同时产品价格和原料价格均同比上涨，全年营业收入和营业成本同比均有所增加。

（1）主营业务分行业、分产品、分地区、分销售模式情况

表 6-2　万华化学的收入和成本信息披露

单位：元　币种：人民币

主营业务分行业情况

分行业	营业收入	营业成本	毛利率（%）	营业收入比上年增减（%）	营业成本比上年增减（%）	毛利率比上年增减（%）
化工行业	143 733 419 144.06	105 695 783 510.98	26.46	99.50	93.23	增加 2.38 个百分点
其他	1 167 173 317.80	1 040 616 813.87	10.84	21.70	25.88	减少 2.96 个百分点

主营业务分产品情况

分产品	营业收入	营业成本	毛利率（%）	营业收入比上年增减（%）	营业成本比上年增减（%）	毛利率比上年增减（%）
聚氨酯系列	60 492 224 777.40	39 277 435 155.40	35.07	72.75	71.16	增加 0.61 个百分点
石化系列	61 409 365 143.56	50 916 478 258.43	17.09	132.46	108.69	增加 9.45 个百分点

	营业收入	营业成本	毛利率（%）	营业收入比上年增减（%）	营业成本比上年增减（%）	毛利率比上年增减（%）
精细化学品及新材料系列	15 463 788 375.32	12 177 199 079.28	21.25	94.18	88.65	增加 2.31 个百分点
其他	18 437 089 772.59	15 185 842 681.54	17.63	68.96	71.49	减少 1.22 个百分点
产品间抵销	−10 901 875 607.01	−10 820 554 849.80	不适用	不适用	不适用	不适用

主营业务分地区情况

分地区	营业收入	营业成本	毛利率（%）	营业收入比上年增减（%）	营业成本比上年增减（%）	毛利率比上年增减（%）
国内	74 068 944 678.11	52 643 147 908.84	28.93	99.53	95.70	增加 1.39 个百分点
国外	70 831 647 783.75	54 093 252 416.01	23.63	97.39	88.97	增加 3.40 个百分点

主营业务分销售模式情况

分销售模式	营业收入	营业成本	毛利率（%）	营业收入比上年增减（%）	营业成本比上年增减（%）	毛利率比上年增减（%）
直销	128 661 545 179.35	95 585 432 834.24	25.71	102.71	97.40	增加 2.00 个百分点
经销	16 239 047 282.51	11 150 967 490.61	31.33	70.27	56.98	增加 5.81 个百分点

万华化学在年度报告中，对主营业务分行业、分产品、分地区、分销售模式情况的说明如下：

公司聚氨酯系列产品的收入、成本较上年增加，主要为报告期内烟台110万吨MDI技改新增产能投放市场、聚醚多元醇销量提升，以及产品与原料价格上涨所致；毛利率有所增加，主要为同比产品价格上涨以及产能、销量提升带来的规模效应所致。

公司石化系列产品收入、成本较上年增加，主要为百万吨乙烯装置投产，增大石化产品销量，以及原油价格上涨叠加全球阶段性供需失衡造成石化产品与LPG价格上升所致；毛利率有所增加，主要为石化产品价格同比大幅上涨以及百万吨乙烯投产带来的产品结构变化、规模效应所致。

公司精细化学品及新材料系列产品收入、成本较上年增加，主要为ADI、水性树脂、TPU业务销量增长及精细化学品产品与相关原料价格上涨所致；毛利率有所增加，主要为产品价格普遍上涨及产品结构变化所致。

国内和国外营业收入和成本增加，主要为报告期内主要产品销量增长，产品和原料价格上涨所致；毛利率有所增加，主要为阶段性供需失衡导致产品价格上涨幅度大于原料价格上涨幅度，尤其是海外市场受极端天气及疫情影响，阶段性供应短缺，价格上涨较多，毛利率上升明显。

上述关于收入的分析，结合公司年度报告中的市场情况介绍、公司战略描述及未来市场分析和业务规划，有助于我们对公司营业收入的真实性、历史和未来的趋势做出自己个人的分析和判断。

3. 在财务报表及其附注中的信息披露

营业收入是利润表中最重要的起点项目，并且在财务报表附注中，披露相关详细信息。虽然这些信息可能与前述信息有重复之处，但多处披露，强调了营业收入的重要性。

二、如何从现金看营业收入

营业收入是通过销售商品或者提供劳务取得的收款权利。这个权利，在会计准则上要满足很多条件才可以确认，老的准则标准是"风险—报酬转移"，新的准则标准是"五步法"。对于多数上市公司，我们按照常识来判断就可以：上市公司是不是具有了从客户那里收取现金的权利，有就确认收入，没有就不能确认收入。

企业确认营业收入的时点和企业收到现金的时点，存在表 6-3 所示的三种情形。

表 6-3　营业收入与现金之间的关系

情形 1	先收到现金再发货，收到现金的时点早于营业收入确认的时点
情形 2	两者时点一致，一手现金一手货，有多少营业收入就收到多少现金
情形 3	先发货再收现金，营业收入确认的时点早于收到现金的时点

一是先收现金再发货或提供劳务。这是最理想的情况，意味着企业可以在经营活动中用客户的钱来赚钱，减少了自己的现金投入，同时不用担心会发生坏账损失。打个比方，如果大家到了一家新的单位上班，上班第一天老板就把当月的工资发给你，先收钱再干活，你肯定很开心啊。企业先收到的现金，在资产负债表里的预收款项、合同负债项目反映。比如，宁德时代 2022 年 3 月 31 日的合并资产负债表中，合同负债的金额为 1 505 033.58 万元，也就是说，宁德时代的客户预先付给了宁德时代 1 505 033.58 万元，等到以后宁德时代把锂电池发货给客户的时候，

宁德时代就可以确认营业收入了。预收款项、合同负债项目的金额越大，说明上市公司跟客户谈判的时候越有地位、未来的业绩确定性越强；一旦合同负债的余额大幅下降，就要小心公司未来的销售是不是会下滑、营业收入是不是会大幅减少。

二是本期收到现金，本期确认营业收入，基本上就是一手现金一手货。这种情况虽然不如第一种情况，但公司的销售回款速度还是比较快的，公司资产负债表上的应收账款和应收票据项目的金额也比较小，因此，不太会发生大额坏账的情况。

三是先发货或先干活再收现金，这是绝大多数上市公司的销售模式。在这种情况下，上市公司销售回款的速度相对比较慢，公司的营业收入规模越大，应收款项占用的现金就越多，我们要谨防突然发生巨额应收账款坏账损失的情况。对于上市公司来说，需要制定严密的应收账款管理内部控制，以防止出现应收款项坏账。对于投资者来说，要时刻关注上市公司应收款项回款速度是否正常、应收款项余额是否合理等，也就是前面讲的应收款项周转次数、应收款项周转天数等指标。对于持续经营的上市公司来说，某一期间总会收到以前期间的现金，因此，对于营业收入规模稳定的公司，从现金流角度，只要营业收入的现金能确保收到，收到的现金的金额跟确认的营业收入的金额应当比较接近。

理论上来说，不管哪期收到现金，哪期确认营业收入，确认的营业收入必须早晚收到现金。上市公司销售商品和提供劳务收到的现金，反映在现金流量表经营活动产生的现金流量下的"销售商品、提供劳务收到的现金"项目中。但是，我们要注意，"销售商品、提供劳务收到的现金"项目包含销售商品、提供劳务的价款以及相应的销售税费（比如增值税销项税额），而营业收入不含税，因此，前者的金额一般应该大于后者。我们可以通过营业收入的现金含量来判断营业收入的质量：

营业收入的现金含量 = 销售商品、提供劳务收到的现金 / 营业收入

营业收入的现金含量的意思就是：每一元的营业收入，对应着多少元当期收到的现金。如果大于1，说明收到的现金多于确认的营业收入，营业收入的质量比较好。如果略大于或者略小于1，说明收到的现金跟确认的营业收入差不多，营业收入的质量良好。如果小于1，说明收到的现金少于确认的营业收入，营业收入的质量需要好好检查。

三、如何防范营业收入的地雷

营业收入是一家上市公司收入的最主要来源。监管部门要求上市公司披露扣除非经常性损益净利润，作为衡量上市公司净利润稳定性、持续性的重要指标。最近几年上市公司退市规则中增加了对营业收入的考虑，更加提高了营业收入对于上市公司的重要性。大家可以看到，证监会、交易所公布的绝大多数重大行政处罚案例，都与营业收入舞弊有关。对于财务报表地雷，虽然不能说所有的地雷都与营业收入有关，但按比例算的话，两个中至少有一个与营业收入有关，这一点儿都不夸张。

那么，营业收入会有哪些地雷呢？营业收入常见的地雷有以下几类。

第一类地雷是营业收入的无中生有，是指完全就没有商品和劳务销售，凭空作假。比如，虚构根本就不存在的销售业务，商品和劳务也根本不存在，捏造合同和各类票据，根据这些虚假的合同和票据确认营业收入。不过，对于大规模的虚构营业收入，会计师事务所在审计的时候比较容易发现。为了避免被会计师事务所发现，虚构营业收入的公司会挖空心思，想出各种应对方法：有些公司会虚构国外的客户和国外营业收入，增加会计师事务所审计的难度，比如银广夏主要客户在德国，雅百特伪造巴

基斯坦工程项目，等等；有些公司会虚构销售业务，同时虚构客户身份，并按照合同和票据进行现金流转，使"虚假销售业务看起来完全像真的"，比如绿大地、万福生科等。对于大多数行业的上市公司来说，由于存在着流转税以及企业所得税，虚构巨额营业收入和利润的成本比较高，因此长期必将无法维持，但对于一些税负低的特殊行业来说，虚构营业收入和利润的成本比较低，这些行业比较容易出现这一类地雷。

雅百特无中生有虚构营业收入的故事非常离谱，10亿元假账竟出自20平方米的店铺！

2017年，证监会查处了雅百特跨境财务造假，这家公司不仅将建材自买自卖，假冒跨国生意，而且还伪造了巴基斯坦工程项目。

证监会调查人员发现，雅百特把现金从境内的公司以国际贸易的形式转到境外公司，然后又以进口的方式把现金从境外公司转回中国，以这种方式来伪造"真实"的现金流。

经确认，雅百特于2015至2016年9月通过虚构境外工程项目、虚构国际贸易和国内贸易等手段，累计虚增营业收入约5.8亿元，虚增利润近2.6亿元，其中2015年虚增利润占当期利润总额约73%。

雅百特为了造假，动用了7个国家和地区的50多个公司走账，使用100多个银行账户进行资金划转，而且经常通过银行票据和第三方支付划转，渠道复杂。

第二类地雷是提前或延迟确认营业收入，是指商品、劳务销售确实存在，但是在不同期间进行人为调节。比如，2022年已经提供给客户商品、劳务，但是由于2022年的营业收入和利润增长太多，管理层希望低一点，所以就把一部分本来是2022年的营业收入和利润延迟到2023年确认；或者反过来，2022 年的营业收入和利润太少了，没有达到管理层的计划目标，所以就把尚未提供商品或劳务给客户、本来应该在 2023 年确认的营业收入和利润提前到 2022 年确认。

第三类地雷是夸大营业收入。这类地雷，客户是真实的，销售也确实发生和存在，但是金额被夸大了，并且可能现金流也配套夸大，可以说真中掺假、假中掺真，让人比较难以判断，会计师事务所在审计时都很有可能被迷惑，根据公告信息做投资决策的投资者更容易被骗。如果夸大的营业收入金额很大，后期又没法弥补，就会爆雷；如果夸大的营业收入后期真正地弥补了，有可能撒谎没有被人发现。不过，现实中，由于见好就收的人太少，而且撒谎也会成为习惯，因此，夸大营业收入的公司往往会越夸越大，最终爆雷。

第四类地雷是混淆营业收入和非营业收入、营业利润和非营业利润的性质，比如，把营业外收入、投资处置的收入放到营业收入，以及把偶发性、临时性的收入确认为主营业务收入，相应地把有关利润确认为营业利润和经常性损益。

触及财务类退市指标是绝大部分上市公司退市的主因，其中又以"扣除非经常性损益净利润为负 + 营业收入低于 1 亿元"最为常见。因此，有些在退市边缘的上市公司就会想方设法增加营业收入。针对这一问题，2021 年 11 月，沪深交易所同时发布了"营业收入扣除指南"，明确了财务类退市指标中营业收入具体扣除事项，因此，部分上市公司虽然营业收入超过了 1 亿元，但由于"营业收入扣除"，扣除后营业收入低于 1 亿元，从而触及退市红线。两市的扣除标准基本一致，均指向了与主营业务无关的业务收入和不具备商业实质的收入这两类。

与主营业务无关的业务收入，是指与上市公司正常经营业务无直接关系，或者虽与正常经营业务相关，但由于其性质特殊、具有偶发性和临时性，影响报表使用者对公司持续经营能力做出正常判断的各项收入。具体而言，沪深交易所将此类收入细分为6类：正常经营之外的其他业务收入，不具备资质的类金融业务收入，本会计年度以及上一会计年度新增贸易业务所产生的收入，与上市公司现有正常经营业务无关的关联交易产生的收入，同一控制下企业合并的子公司期初至合并日的收入，未形成或难以形成稳定业务模式的业务所产生的收入。具体例子包括：出租固定资产、无形资产、包装物，销售材料，用材料进行非货币性资产交换，经营受托管理业务等实现的收入，以及虽计入主营业务收入，但属于上市公司正常经营之外的收入；又如拆出资金利息收入，担保、商业保理、小额贷款、融资租赁、典当等业务形成的收入（为销售主营商品而开展的融资租赁业务除外）。

不具备商业实质的收入，是指未导致未来现金流发生显著变化等不具有商业合理性的各项交易和事项产生的收入。沪深交易所将此类收入细分为6类，具体如下：未显著改变企业未来现金流量的风险、时间分布或金额的交易或事项产生的收入，不具有真实业务的交易产生的收入，交易价格显失公允的业务产生的收入，本会计年度以显失公允的对价或非交易方式取得的企业合并的子公司或业务产生的收入，审计意见中非标准审计意见涉及的收入和其他不具有商业合理性的交易或事项产生的收入。

第三节　从现金看营业成本

上市公司要销售商品、提供劳务，就会发生相应的营业成本。这里的营业成本是指跟公司的商品或劳务直接相关的成本，一般包括料、工、费（见图 6-1）。

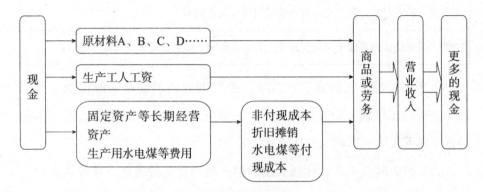

图 6-1　现金与营业成本之间的关系

可以用图 6-1 来表示上市公司的现金和营业成本之间的关系。营业成本是从现金开始，一步一步跟着生产过程结转过来的。现金用于购买原材料后，只有在原材料领用出来生产产品的时候才能转入生产成本，在仓库里放着的原材料不构成当期的生产成本，等产品生产完工了，生产成本转入商品成本，等商品销售出去了，商品成本才能转为营业成本。现金给生产工人发工资，形成生产成本，注意，这里限定了生产工人，如果给销售部门员工发工资，那不是生产成本而是销售费用。长期生产资产的折旧摊销转入生产成本，但是，上市公司用于行政办公的大楼的折旧摊销不是生产成本，而是管理费用。生产用水电煤等费用构成制造费用，转入生产成本，但是后勤行政用的话，是管理费用。

支付现金的时点和营业成本确认的时点，存在表 6-4 所示的三种情形。

表 6-4   营业成本与现金之间的关系

情形 1	先付现金再确认营业成本，支付现金的时点早于营业成本确认的时点
情形 2	两者时点一致，支付现金的同时确认营业成本
情形 3	先确认营业成本再支付现金，营业成本确认的时点早于支付现金的时点

一是先付现金再确认营业成本，最典型的例子是企业的长期经营资产。企业先支付现金购置固定资产、无形资产等长期经营资产，在使用的过程中随着折旧摊销转入营业成本。

二是两者时点一致，比较典型的例子是当月支付现金当月确认生产工人工资成本。

三是先确认营业成本再支付现金，最典型的例子是企业赊欠的已使用掉或者已销售出去的原材料、商品等。

不同行业的上市公司，其营业成本中料、工、费的构成是不一样的。营业成本构成的信息，在年度报告中的管理层讨论与分析部分都有详细的披露。比如，宁德时代 2021 年年报中披露了营业成本构成和毛利率（见表 6-5）。宁德时代营业成本中的直接材料，2021 年占比 84.03%，2020 年占比 78.17%，占了大头，公司直接材料占比上升是由于锂矿价格上涨，公司整体毛利率略有下降。由于直接材料占了大头，宁德时代没有详细披露人工和其他费用的信息。

再比如，隆基绿能在 2021 年年报中披露的营业成本构成信息如表 6-6所示，2021 年的毛利率为 20.19%，相比 2020 年略有下降，营业成本中原材料占 76.83%，直接人工占 4.13%，其他费用占 19.04%。

表 6-5 宁德时代 2021 年营业成本构成和毛利率

a）营业成本构成

金额单位：万元

行业分类	项目	2021年		2020年		同比增减
		金额	占营业成本比重	金额	占营业成本比重	
锂电池行业	直接材料	7 787 531.13	84.03%	2 573 863.47	78.17%	2.87%

b）毛利率

金额单位：万元

	营业收入	营业成本	毛利率	营业收入比上年同期增减	营业成本比上年同期增减	毛利率比上年同期增减
分业务						
电气机械及器材制造业	13 035 579.64	9 609 372.23	26.28%	159.06%	164.36%	−1.48%
分产品						
动力电池系统	9 149 077.45	7 136 178.14	22.00%	132.06%	146.45%	−4.56%
锂电池材料	1 545 661.22	1 157 447.01	25.12%	350.74%	324.32%	4.66%
储能系统	1 362 383.47	973 864.52	28.52%	601.01%	683.30%	−7.51%

再比如 IT 服务行业的用友网络，毛利率比较高，成本构成不像宁德时代和隆基绿能那样原材料占了大头，对于用友网络来说，不需要原材料，其最主要的盈利模式是产品许可以及相应的技术服务和培训。用友网络2021 年年报中披露的成本分析表和毛利率如表 6-7 所示。

表 6-6 隆基绿能营业成本构成

金额单位：元

分行业	成本构成项目	本期金额	本期占总成本比例（%）	上年同期金额	上年同期成本占总成本比例（%）	本期金额较上年同期变动比例（%）	情况说明
				分行业情况			
光伏行业	营业成本	64 589 660 267.79	100.00	41 145 628 529.00	100.00	56.98	组件销售增加

分产品	成本构成项目	本期金额	本期占总成本比例（%）	上年同期金额	上年同期成本占总成本比例（%）	本期金额较上年同期变动比例（%）	情况说明
				分产品情况			
光伏产品	原材料	49 624 927 476.41	76.83	30 570 852 804.83	74.30	62.33	经营规模扩大及原材料价格上涨影响原材料成本增加
光伏产品	直接人工	2 671 249 806.08	4.13	2 196 334 044.51	5.34	21.62	经营规模扩大、人工成本增加
光伏产品	折旧	2 559 638 719.27	3.96	1 597 218 166.89	3.88	60.26	产能增加，组件产销量增加
光伏产品	能源动力	2 309 950 028.96	3.58	1 799 552 019.65	4.37	28.36	组件产销量增加
光伏产品	制造费用	3 988 879 627.79	6.18	3 576 563 154.51	8.69	11.53	产能增加，组件产销量增加
光伏产品	履约成本	3 435 014 609.28	5.32	1 405 108 338.61	3.42	144.47	组件销售增加、运费上涨
合计		64 589 660 267.79	100.00	41 145 628 529.00	100.00	56.98	

表 6-7　用友网络 2021 年成本分析表和毛利率

a）成本分析表

金额单位：元

分行业情况							
分行业	成本构成项目	本期金额	本期占总成本比例（%）	上年同期金额	上年同期占总成本比例（%）	本期金额较上年同期变动比例（%）	情况说明
云服务与软件行业		3 414 952 279	100.0	3 278 536 667	100.0	4.2	
分产品情况							
分产品	成本构成项目	本期金额	本期占总成本比例（%）	上年同期金额	上年同期占总成本比例（%）	本期金额较上年同期变动比例（%）	情况说明
产品许可		64 223 265	1.9	48 211 621	1.5	33.2	
技术服务及培训		3 252 219 720	95.2	3 137 985 786	95.7	3.6	
其他		98 509 294	2.9	92 339 260	2.8	6.7	

b）毛利率

金额单位：元

主营业务分行业情况						
分行业	营业收入	营业成本	毛利率（%）	营业收入比上年增减（%）	营业成本比上年增减（%）	毛利率比上年增减（%）
云服务与软件业务	8 588 794 475	3 414 952 279	60.2	4.8	4.2	增加 0.2个百分点

我们再来看看贵州茅台 2021 年年报中披露的成本分析表和毛利率，
如表 6-8 所示。

表 6-8　贵州茅台 2021 年成本分析表和毛利率

a）成本分析表

金额单位：元

分行业	成本构成项目	本期金额	本期占总成本比例（%）	上年同期金额	上年同期占总成本比例（%）	本期金额较上年同期变动比例（%）	情况说明
分行业情况							
酒类		8 890 990 510.72	100	8 083 371 418.24	100	9.99	

分产品	成本构成项目	本期金额	本期占总成本比例（%）	上年同期金额	上年同期占总成本比例（%）	本期金额较上年同期变动比例（%）	情况说明
分产品情况							
酒类	直接材料	5 006 828 759.74	56.32	4 426 309 798.99	54.76	13.12	
	直接人工	2 776 100 778.17	31.22	2 626 407 879.93	32.49	5.70	
	制造费用	592 850 869.35	6.67	553 108 867.79	6.84	7.19	
	燃料及动力	271 547 032.80	3.05	244 593 638.55	3.03	11.02	
	运输费	243 663 070.66	2.74	232 951 232.98	2.88	4.60	
	合计	8 890 990 510.72	100.00	8 083 371 418.24	100.00	9.99	

（续）

b）毛利率

金额单位：元

主营业务分行业情况					
分行业	营业收入	营业成本	毛利率（%）	营业收入比上年增减（%）	营业成本比上年增减（%）	毛利率比上年增减（%）
酒类	106 059 290 342.18	8 890 990 510.72	91.62	11.85	9.99	增加 0.14个百分点
主营业务分产品情况					
分产品	营业收入	营业成本	毛利率（%）	营业收入比上年增减（%）	营业成本比上年增减（%）	毛利率比上年增减（%）
茅台酒	93 464 512 115.94	5 577 910 539.00	94.03	10.18	9.36	增加 0.04个百分点
其他系列酒	12 594 778 226.24	3 313 079 971.72	73.69	26.06	11.06	增加 3.55个百分点

　　不一样的毛利率和营业成本构成，对于上市公司来说有不一样的潜在意义：如果毛利率波动很大，说明公司受外部环境的影响比较大；如果毛利率非常稳定，则说明公司的赚钱方式更多取决于公司自身，受外部环境的影响比较小。在毛利率比较低的情况下，营业成本中，如果原材料占的比重比较高，那么，上市公司业绩受原材料价格波动的影响就非常大，这个时候，我们要着重分析未来的原材料价格波动情况。比如，火力发电企业的营业成本中，燃料电煤占了大头，2021年电煤价格大幅上涨，导致火力发电企业巨亏；如果未来电煤价格不降或者继续上涨，而电价不上调的话，火力发电企业将继续亏损。当然，如果上市公司的毛利率非常高，比如像贵州茅台高达90%多，那么，料、工、费即使有一些涨幅，对贵州茅

台的赚钱能力也不会构成颠覆性的影响。

营业成本跟营业收入之间的关系，在会计上称为配比关系。所谓配比，是指只有带来了营业收入的那部分商品的成本才能结转为营业成本。举个例子，比如 A 上市公司 2022 年生产了 10 000 个单位的 X 商品，料、工、费加起来 X 商品的总成本为 10 000 万元，2022 年销售了 9 500 个单位，那么，2022 年从商品总成本中结转 9 500 万元为营业成本，剩下的 500 万元是 X 商品的库存。因此，营业成本和营业收入的配比，也可以说是营业成本和营业收入要成比例，不能结转多了也不能结转少了。

此外，按照我国现行的税法，一般来说，利润表中的税金及附加与营业收入成一定的比例关系，由于该项目比较简单，在此不展开介绍。

第四节　从现金看税金及附加、销售费用和管理费用

一、从现金看税金及附加

税金及附加是指企业经营活动应负担的相关税费，包括消费税、城市维护建设税、教育费附加、资源税、房产税、城镇土地使用税、车船税、印花税等。

一般来说，税金及附加在发生的时候或者发生不久后企业就需要支付现金。有多少税金及附加，企业就要向税务局缴纳多少现金。

二、从现金看销售费用

销售费用是指企业在销售商品或提供劳务过程中发生的费用，包括给

销售人员的工资、开设销售机构的费用、市场推广费用，等等。

在比较不同上市公司的销售费用时，通常用销售费用率指标：

销售费用率 = 销售费用 / 营业收入 × 100%

该指标的意思是：上市公司每取得 100 元的营业收入，需要投入多少元的销售费用。

不同行业的上市公司，销售费用率存在明显的差异。一般来说，做标准化产品和服务的公司，比如钢铁、水泥、玻璃等，销售费用率会比较低；做差异化产品和服务的公司，比如生物医药、消费品牌等，销售费用率会非常高。

我们来看一下钢铁行业的方大特钢的销售费用率（见表 6-9）。

表 6-9　方大特钢的销售费用率

金额单位：万元

报告期	2021-12-31	2020-12-31	2019-12-31	2018-12-31	2017-12-31
	年报	年报	年报	年报	年报
报表类型	合并报表	合并报表	合并报表	合并报表	合并报表
营业收入	2 167 939	1 660 148	1 538 900	1 728 585	1 394 475
销售费用	4 998	12 156	12 602	11 834	12 128
销售费用率	0.23%	0.73%	0.82%	0.68%	0.87%

资料来源：年度报告。

方大特钢 2021 年的销售费用为 4 998 万元，其明细信息在 2021 年财务报表附注 63 中披露，具体如表 6-10 所示。

表 6-10   方大特钢 2021 年销售费用明细

单位：元

项目	本期发生额	上期发生额
职工薪酬	22 775 317.25	20 128 677.40
运输仓储费		68 849 292.36
办公费	186 328.13	705 394.77
业务费	5 303 704.65	5 911 974.24
差旅费	1 377 770.98	1 149 841.55
三包费	15 895 416.95	15 958 864.75
物料消耗	363 156.09	400 990.56
租赁费	110 506.57	97 810.55
折旧费	143 680.97	174 460.47
包装费		165 436.08
广告宣传费	1 162 697.49	1 327 310.00
会务费	954 002.38	1 795 061.73
修理费	92 532.45	378 943.57
装卸费	3 232.00	1 061 935.10
水电费	197 664.58	465 051.56
其他	1 415 351.68	2 991 800.93
合计	49 981 362.17	121 562 845.62

我们再来看看医药行业的科伦药业的销售费用率（见表 6-11）。

表 6-11   科伦药业的销售费用率

金额单位：万元

报告期	2021-12-31	2020-12-31	2019-12-31	2018-12-31	2017-12-31
	年报	年报	年报	年报	年报
报表类型	合并报表	合并报表	合并报表	合并报表	合并报表
营业收入	1 727 741	1 646 420	1 763 627	1 635 179	1 143 495
销售费用	502 233	488 255	655 031	598 723	307 385
销售费用率	29.07%	29.66%	37.14%	36.62%	26.88%

资料来源：年度报告。

科伦药业 2021 年的销售费用为 502 233 万元，这一金额远远超过了科伦药业 2021 年的净利润 110 255 万元（归属于母公司股东），也就是说，科伦药业的销售费用吞噬了很大一部分营业收入。其明细信息在 2021 年财务报表附注 63 中披露，具体如表 6-12 所示。

表 6-12 科伦药业 2021 年销售费用明细

单位：元

项目	本期发生额	上期发生额
市场开发及维护费	4 000 147 761.00	4 471 506 473.00
市场管理费	846 979 229.00	397 525 650.00
广告宣传	161 799 854.00	1 780 245.00
其他	13 405 958.00	11 732 768.00
合计	5 022 332 802.00	4 882 545 136.00

做保健品品牌的汤臣倍健的销售费用率如表 6-13 所示。

表 6-13 汤臣倍健的销售费用率

金额单位：万元

报告期	2021-12-31	2020-12-31	2019-12-31	2018-12-31	2017-12-31
	年报	年报	年报	年报	年报
报表类型	合并报表	合并报表	合并报表	合并报表	合并报表
营业收入	743 128	609 490	526 180	435 078	311 080
销售费用	247 844	181 842	165 040	128 008	97 327
销售费用率	33.35%	29.84%	31.37%	29.42%	31.29%

资料来源：年度报告。

汤臣倍健 2021 年的销售费用为 247 844 万元。其明细信息在 2021 年财务报表附注（四十二）中披露，具体如表 6-14 所示。

表 6-14 汤臣倍健 2021 年销售费用明细

单位：元

项目	本期发生额	上期发生额
工资福利费	545 685 122.29	376 683 481.87
行政办公费	11 325 484.02	11 964 624.01
折旧摊销	30 203 525.83	19 492 331.87
市场推广费	478 176 773.47	241 009 913.01
平台费用	488 519 617.37	91 351 905.82
租赁和物管费	1 689 360.45	6 173 562.55
差旅费	75 647 100.97	51 921 370.09
会议费	9 342 479.71	10 258 557.80
招待费	8 705 487.81	6 888 465.75
终端包装及其他费用	42 791 098.62	30 083 883.44
广告费	778 633 080.81	965 645 482.63
修理维护费	3 618 618.88	1 748 354.40
商标使用费	3 255 225.78	3 208 867.37
其他费用	846 738.10	1 988 132.88
合计	2 478 439 714.11	1 818 418 933.49

上述的例子中，方大特钢的产品是标准化产品，销售过程不需要做太多的广告推广，或者说做广告也没有太大作用，而是需要实打实的硬质量产品。科伦药业的医药产品要做很多推广活动，如组织医生开学术交流会议，向医生介绍产品并培养医生的用药技术和习惯，所以销售费用率在30%左右。汤臣倍健的保健品需要不断地做广告和市场营销活动，做到消费者耳熟能详，所以，销售费用率基本在30%以上。

三、从现金看管理费用

董事长、总经理请客吃饭花掉的钱，放在利润表中的哪个项目？答案是管理费用。过年过节维护关系送礼品花掉的钱，放在利润表中的哪个项目？答案还是管理费用。给董监高发放工资、奖金、津贴和股权激励的钱，放到哪里？答案又是管理费用。

所谓管理费用，是指企业行政管理部门为组织和管理生产经营活动而发生的各种费用。包括的具体项目有：企业董事会和行政管理部门在企业经营管理中发生的，或者应当由企业统一负担的公司经费、工会经费、待业保险费、劳动保险费、董事会费、聘请中介机构费、咨询费、诉讼费、业务招待费、办公费、差旅费、邮电费、绿化费、管理人员工资及福利费，等等。可以这么说，如果公司花掉的钱找不到对应的会计科目和报表项目，就放入"管理费用"。

一般来说，做标准化产品和服务的上市公司，只能接受市场价格，其赚钱的诀窍在于严格的成本和费用控制：以大规模的生产能力、比别人更低的成本费用提供相同的产品或服务。因此，与销售费用率一样，这样的公司管理费用率也会比较低。而做差异化产品和服务的公司，管理费用率也会比较高，比如，由于差异化能力的要求，公司必须招聘并留住具有专业技能的管理人才和技术人才，往往给予这些人才比较高的报酬，包括较高的工资、奖金、津贴和股权激励等。

鞍钢股份 2021 年的管理费用率为 1.07%，详见表 6-15。鞍钢股份 2021 年年报中的管理费用附注信息如表 6-16 所示，从中可以看出，管理费用的明细项目非常多，还有一些金额不大的项目，列入了管理费用中的"其他"明细项目。

表 6-15　鞍钢股份的管理费用率

金额单位：百万元

报告期	2022-3-31	2021-12-31	2020-12-31	2019-12-31	2018-12-31
	一季报	年报	年报	年报	年报
报表类型	合并报表	合并报表	合并报表	合并报表	合并报表
营业收入	34 927	136 674	100 903	105 587	105 157
管理费用	315	1 459	1 329	1 331	1 266
管理费用率	0.90%	1.07%	1.32%	1.26%	1.20%

资料来源：年度报告。

表 6-16　鞍钢股份 2021 年管理费用明细

单位：百万元

项目	本年数	上年数
职工薪酬	921	838
无形资产摊销	27	184
折旧	153	137
信息系统维护费	44	42
修理费	47	32
警卫消防费	103	75
中介费	28	16
其中：年报审计师酬金	5	5
其他	136	5
合计	1 459	1 329

　　相对来说，小型的高科技公司为了吸引和留住人才，管理费用率会高很多。比如，做网络安全的科创板上市公司安博通，其管理费用率在 10%以上（见表 6-17）。

表 6-17　安博通的管理费用率

金额单位：万元

报告期	2022-03-31	2021-12-31	2020-12-31	2019-12-31	2018-12-31	2017-12-31
	一季报	年报	年报	年报	年报	年报
报表类型	合并报表	合并报表	合并报表	合并报表	合并报表	合并报表
营业收入	5 276	39 142	26 284	24 873	19 535	15 076
管理费用	1 258	4 809	3 126	2 296	2 123	2 506
管理费用率	23.84%	12.29%	11.89%	9.23%	10.87%	16.62%

资料来源：年度报告。

安博通的管理费用中，很大一部分是给管理层及核心骨干的薪酬和股权激励（明细项目中的股份支付是 2021 年应当承担的股权激励费用）。安博通 2021 年年报中的管理费用明细如表 6-18 所示。

表 6-18　安博通 2021 年管理费用明细

单位：万元

项目	本期发生额	上期发生额
股份支付	8 819 182.80	864 329.97
房屋车位租赁费	59 237.58	6 450 884.04
职工薪酬	12 076 311.23	11 096 992.14
中介服务费	5 207 748.12	5 288 916.97
办公费	997 134.98	778 266.92
招待费	1 952 088.21	1 164 448.27
差旅及交通	3 020 841.35	1 410 467.15
折旧及摊销	10 410 876.23	2 530 966.67
检测费	2 044 857.97	198 018.86
残保金	155 634.33	44 702.32
水电供暖费	1 377 946.36	988 215.74
其他	1 970 937.85	442 835.16
合计	48 092 797.01	31 259 044.21

四、怎么看销售费用和管理费用花掉的现金

（一）现金应不应该花

前面解释了销售费用和管理费用的现金花到哪里去了。从上市公司的角度，只要花掉的现金能够合法合规地赚回来更多的现金，这个现金就应该花。

请客户喝茅台，应不应该花？如果这个客户可以给上市公司带来1 000万元的利润，那么客户要求喝几瓶茅台，这个钱应该花、值得花，但是，国有控股上市公司需要注意严格遵守"八项规定"。

花几亿元做广告，应不应该花？如果做广告可以带来几十亿元的销售收入、十几亿元的利润，那么，这个广告的钱就应该花、值得花。

给董事长或总经理发几百万元的工资、奖金和股权，应不应该发？只要董事长或总经理有本事和能力给上市公司赚回来远多于发给他的钱，这个钱就应该发，这是人家凭本事挣到的。

问题在于，上述问题有时候很难事先得到答案。比如，请客户吃吃喝喝后，一分钱的生意都没有做出，这也是有可能的；花几亿元做完广告，结果一点儿市场反响也没有，增加的销售收入金额还没有广告费多；董事长或总经理拿了高额薪酬，结果上市公司却退市了。

花钱很容易，而赚钱总是那么难。但正确地花钱是赚钱的前提。先花钱，才能赚钱。那么，怎么判断上市公司花掉的钱能否赚回来更多的钱呢？需要用时间来检验，也可以拉长时间周期，看历史上公司花钱是不是靠谱、公司管理层是不是还是原来那些人，等等。如果公司管理层没变、历史上花钱靠谱，那么，接下来花钱靠谱的概率就高一些。

（二）费用化的未来投资

把销售费用和管理费用从当期营业收入中减去的一个隐含假设是：这些销售费用和管理费用是为了当期的营业收入而发生的，不会再在未来期间产生效益。这个隐含假设对于成熟型公司来说，比较合理；而对于成长型公司来说，这些费用则很有可能是一项对未来的投资。

我们用例子来进行说明。假设一家刚刚成立的 A 公司，起步 0 客户，在成立的第 1 年每个月花 10 万元做广告吸引客户，每个月可以获得 2 万个新客户，客户的保留率为 50% 即 1 万个，并且这些客户将终身使用 A 公司的产品和服务，那么，相当于 A 公司花 10 万元买了 1 万个新客户，做这些广告跟 A 公司购买土地使用权、机器设备一样是一项长期投资，但是，会计准则没办法去判断哪些费用具有长期投资的性质，哪些费用只带来当期利益，因此，只能一刀切，要求所有的费用从当期的营业收入中减掉，而不能像购买土地使用权、机器设备一样计入企业的资产中。假设 A 公司第 1 年的毛利总额为 80 万元，除了广告费用外没有其他费用，那么，按照会计准则计算，A 公司第 1 年的净利润为 –40 万元（＝80 万元毛利 –120 万元广告费用）；但是，如果把 120 万元视为对未来的投资，则 A 公司第 1 年的净利润为 80 万元（＝80 万元毛利 –0 元当期费用）。

从这个角度，我们就可以理解为什么亚马逊、阿里巴巴和腾讯等公司早期的利润表显示公司是亏损的，但是公司的股价却不断上涨，因为这些公司在早期不断扩大业务领域和客户规模，很多费用其实是对未来的投资，市场上聪明的投资者识别出了这一点，并给出了比财务报表更加有效的市场定价。这些公司前期的获客费用（形成了宝贵的客户资产），将在后期获得回报。

　　当然，也有很多公司在前期花了很多钱获得了客户和流量，但最后关门倒闭了，这是因为这些最后失败的公司虽然花钱获得了客户，但是没能找到合理的商业模式，从客户和流量中把前期的获客费用赚回来。

　　成熟型公司，比如进入成熟阶段的亚马逊、阿里巴巴和腾讯等公司，每年还是要花钱维护现有的客户规模，但是，这一阶段在公司的业务规模、业务领域和客户规模都没有扩张的情况下，把花掉的钱直接从当期的营业收入中减掉计算净利润，是很合理的。为了更好地理解，我们回到前面假设的 A 公司的例子上来，假设 A 公司到了第 2 年，不再扩张客户规模，就维持 12 万客户数量规模，每个月的维护客户支出为 1.2 万元，1 年为 14.4 万元，这些支出有些用来维护老客户，有些用来吸引少量新客户以弥补少量流失的老客户，这些花掉的现金并没有增加 A 公司未来赚取更多现金的能力，并且每个期间花掉的现金都差不多（先计入资产再折旧摊销的意义不大，因为计算的结果是每个期间的钱都一样），这个时候，直接从当期营业收入中减掉是最简便的计算方法，此时财务报表上的利润跟企业的实际利润也比较接近，公司的市值和公司的净利润规模的关系也比较符合逻辑。

　　再举一个例子，以帮助大家更好地理解费用化的未来投资。假设 B 出租车公司在 2022 年 1 月 1 日成立，成立后第 1 年到第 10 年的 1 月，B 公司都会花 100 万元买 10 辆使用年限为 10 年的轿车，如果把这 10 辆轿车的 100 万元都算成 B 公司买进来当年的成本费用，大家都会坚决反对，因为这些轿车可以使用 10 年，所以，采用计提折旧的方式来计算每年应当承担的成本费用。在第 1 年到第 10 年，B 公司的实际可使用车辆数量不断增长（第 1 年的车可以使用到第 10 年年底）。到了第 11 年，第 1 年买进来的 10 辆车报废，第 11 年买进来 10 辆新车，因此，累计可使用车辆没有发生变化。相当于第 1 年到第 10 年是 B 公司的成长阶段,从第 11 年开始进入成熟阶段。在成长阶段,将对未来的投资(购买的车辆)全部作为当年的成本费用会高估当年的成本费用,低估当年的利润,所以需要先计入资产再采用折旧摊销的方法来计算当年的合理利润;等到了成熟阶段,每年买新车花掉的现金和每年计提的折旧是相等的,因此,直接把买车花掉的现金算成当年的成本费用不影响计算利润的合理性。上述过程可以用表 6-19 表示。

表 6-19 折旧的意义

年份	当年购入轿车数量(辆)	累计轿车数量(辆)	当年计提折旧(按实物折算,单位:辆)	当年购入轿车金额(万元)	累计金额(万元)	当年计提折旧金额(万元)
1	10	10	1	100	100	10
2	10	20	2	100	200	20
3	10	30	3	100	300	30
4	10	40	4	100	400	40
5	10	50	5	100	500	50
6	10	60	6	100	600	60
7	10	70	7	100	700	70
8	10	80	8	100	800	80
9	10	90	9	100	900	90
10	10	100	10	100	1 000	100
11	10	100	10	100	1 000	100
12	10	100	10	100	1 000	100
13	⋮	⋮	⋮	⋮	⋮	⋮

从表 6-19 可以看到，B 公司的累计轿车数量从第 11 年开始不再增加，每年的购入数量和折旧实物数量相同，购入金额和折旧金额相等。

同样的逻辑，适用于成长型公司的销售费用和管理费用的分析，比如，不断增加门店的连锁公司前期亏损是由于不断增加对未来投资的费用、不断增加的客户数量、不断拓展的业务领域，等等。

只有能够识别哪些是保全性的费用、哪些是扩张性的费用，才能对上市公司的未来发展有更加深刻的认识，并做出更好的价值估计。

第五节   从现金看研发费用

一、研发费用事关企业转型升级

如果说销售费用和管理费用包括了一些吃吃喝喝的钱和维护各种人脉关系的钱，比较有烟火气，那么研发费用看起来要"高大上"一些。

我们一直在讲中国经济要转型升级。宏观经济的转型升级，有赖于企业的转型升级。企业要从原来的粗放式、低成本要素发展，向两个大的方向转型升级：

一是做标准化产品和服务的企业，要往精益管理的方向转型升级。这类企业以前赚钱主要是靠低人工成本、低环保成本、低土地成本等，因为成本低，企业在粗放式经营的情况下也能赚钱。但是现在企业的人工成本、环保成本、土地成本等各类成本都在上涨，企业要继续赚钱，就要提升管理水平，把企业产业链、价值链中不为最终客户创造价值的多余环节挤出来，比如降低产品的瑕疵率，减少返修返工，减少价值链中的等待浪费，等等。

二是部分企业要往差异化的方向转型升级，要做品牌、做技术、做标准。其中做技术、做标准，就需要企业加大研发投入，提升硬科技实力。因此，可以说企业的研发费用跟企业的转型升级密切相关。对于企业来说，如果只能做标准化的产品和服务，就会面临激烈的竞争，即所谓的"内卷"。只有通过研发建立专利技术护城河，才能避免"内卷"——研发破万卷。

由于研发投入的重要性，因此，年度报告中，要求披露的研发投入信息也越来越详细。在年度报告"第三节　管理层讨论与分析"中，要求上市公司披露研发投入信息。比如，万华化学2021年年度报告中披露的研发投入信息，包括研发投入情况（多少钱、资本化多少、费用化多少）、研发人员情况（人员数量、学历结构、年龄结构）、研发情况说明、研发人员构成是否发生重大变化及其原因与影响。

对于研发费用，在利润表中单列项目，并且在财务报表附注中披露研发费用的明细情况。比如，万华化学在2021年财务报表附注中披露研发费用信息如下：2021年研发费用总额为316 807万元，其中主要是员工费用、物料消耗和折旧费，三项加起来超过了27亿元。结合披露的研发人员数量3 126人，研发人员的薪酬待遇在427 000元左右，这个待遇水平还是非常不错的。

二、研发投入和研发费用的关系

研发投入跟研发费用是什么关系呢？下面是《企业会计准则第6号——无形资产》中的内容原文：

企业内部研究开发项目的支出，应当区分研究阶段支出与开发阶段支出。研究是指为获取并理解新的科学或技术知识而进行的独创性的有计划调查。开发是指在进行商业性生产或使用前，将研究成果或其他知识应用于某项计划或设计，以生产出新的或具有实质性改进的材料、装置、产品等。

企业内部研究开发项目研究阶段的支出，应当于发生时计入当期损益。

企业内部研究开发项目开发阶段的支出，同时满足下列条件的，才能确认为无形资产：（一）完成该无形资产以使其能够使用或出售在技术上具有可行性；（二）具有完成该无形资产并使用或出售的意图；（三）无形资产产生经济利益的方式，包括能够证明运用该无形资产生产的产品存在市场或无形资产自身存在市场，无形资产将在内部使用的，应当证明其有用性；（四）有足够的技术、财务资源和其他资源支持，以完成该无形资产的开发，并有能力使用或出售该无形资产；（五）归属于该无形资产开发阶段的支出能够可靠地计量。

会计专业人员看到上面的内容，很亲切，但是对于非财会专业人员来说，不太好理解，我解释一下上面的内容。企业投入研发的现金，分为两类情况来处理：

第一类是在早期研究阶段，不知道这些研究花掉的现金能不能形成有用的技术、能不能在未来收回来，那么，这些现金就直接在利润表中作为研发费用减去。

第二类是在后期开发阶段，经过早期研究阶段的探索，进入这一阶段后形成有用可行的技术的可能性已经非常高，因此这个阶段花掉的现金在未来很有可能通过技术的产业化赚回来，这就相当于现在花钱买未来能够使用的技术，所以，会计上要求先计入"开发支出"，等到开发成功的时候，转入"无形资产"，然后在技术发挥作用的期间对无形资产进行摊销。

三、研发费用与企业未来发展

前面介绍了会计准则对企业研发投入的规定。应该说，会计准则的规定还是比较合理的。但是，现实中，很多企业的研发投入并没有严格按照会计准则的规定处理，而是直接全部费用化。可能有如下两个原因：

一是会计准则规定的处理太复杂，企业要先判断是研究阶段还是开发阶段，如果是开发阶段，还要判断技术的可行性、花掉的钱是不是能赚回来等，满足这些条件的话，要先计入"开发支出"，等开发成功的时候再转入"无形资产"。接下来，在无形资产使用期间，还要计提无形资产摊销，如果存在减值迹象，还要计提无形资产减值准备。这些复杂的处理会给企业增加很多工作量，所以，有些企业就选择了将全部研发投入费用化的简单处理。

二是不管是将研发投入直接计入当期研发费用，还是先计入开发支出再转入无形资产，都不影响企业的现金流。不影响现金流，就不影响企业的价值，因此企业觉得没必要搞得太复杂，全部直接计入当期研发费用是最简单的做法。

但是，我们在财务报表中看到研发费用项目的时候，需要去识别研发费用是否能够帮助企业在未来赚更多的钱。可以帮助企业在未来赚更多的钱的研发费用，其实是企业对未来的投资。

四、现金与研发费用的关系

从现金与研发费用的关系看，有一些研发费用发生的时候需要同步支付现金，比如研发人员的工资、当期采购并使用掉的研发材料等；还有一些研发费用在发生之前已经支付现金，比如研发设备计提的折旧、预先支付的研发项目的款项等；另有一些研发费用在发生之后支付现金，比如应付的研发材料款项、应付的研发人员奖金等。

第六节　从现金看资产减值损失和信用减值损失

幸福的上市公司家家相似，几乎没有资产减值损失和信用减值损失；不幸的上市公司各有各的不幸，有的有巨额商誉减值损失，有的有巨额信用减值损失，有的有巨额存货减值损失，等等。

资产减值损失是指企业在资产负债表日，经过对资产的测试，判断资产的可收回金额低于其账面价值而计提资产减值损失准备所确认的相应损失。

换句简单的话：我们在编制资产负债表的时候，要问一个问题——非公允价值计量的资产是不是值报表项目金额所示的那么多钱，如果不值这么多钱，即使现在这些资产并没有出售，也应当确认损失。很多资产减值损失的意思，就是钱投下去后，本来想赚钱，结果钱没赚到，本金也没了。

在 2017 年以前，资产减值损失包含所有资产发生的减值损失。但是，根据《企业会计准则第 22 号——金融工具确认和计量》（2017 年）应用指南，金融资产减值准备所形成的预期信用损失应通过"信用减值损失"科目核算，因此，企业各类应收款项发生的坏账准备应通过"信用减值损失"科目核算，不再通过"资产减值损失"科目核算。实际上，信用减值损失是资产减值损失的一个组成部分，只是在利润表中单列出来而已。所以，我们一起介绍这两个项目。

多数上市公司比较常见的资产减值损失包括：

（1）存货减值损失。由于市场波动、技术迭代等，原来值钱的原材料、半成品、产成品，现在价值大幅下降，连成本都收不回来了，就必须提取存货减值损失。对于存货金额巨大的公司，我们一定要关注存货是不是能卖出去，是不是能把成本收回来顺带赚点儿钱。比如，很多房地产上市公司的存货金额巨大，它们先花高价拿地，结果到后期销售价格连成本（土地成本加开发成本）都弥补不了，只能计提巨额的存货减值损失。截止到 2022 年 4 月 30 日，2021 年房地产上市公司资产减值损失（其中主要是存货减值损失）金额前十名公司如表 6-20 所示，其中华夏幸福的资产减值损失高达 132 亿元。

表 6-20　2021 年房地产上市公司资产减值损失金额前十名公司

单位：亿元

序号	房企简称	净利润	资产减值损失
1	华夏幸福	−398.36	−131.88
2	阳光城	−74.93	−69.29
3	蓝光发展	−143.51	−65.76
4	绿地控股	94.43	−52.44
5	新城控股	137.60	−48.37
6	泛海控股	−130.88	−44.77
7	荣盛发展	−50.03	−36.47
8	万科	380.70	−35.14
9	招商蛇口	152.02	−33.91
10	中南建设	−33.06	−29.87

资料来源：年度报告。

（2）信用减值损失，是应收款项的减值损失。对于一般的工商企业，应收款项包括应收票据、应收账款、其他应收款、预付款项、合同资产，等等。对于有其他金融资产投资的企业，则信用减值损失还包括其他金融资产减值准备所形成的预期信用损失，比如，债权投资、其他债权投资、其他非流动金融资产中的债权投资等金融资产减值准备所形成的预期信用损失。

下面以最常见的应收票据和应收账款为例，来介绍信用减值损失。应收票据分为银行承兑汇票和商业承兑汇票：银行承兑汇票是银行承诺在约定的日期见票即付，所以肯定能收到钱，除非银行破产；商业承兑汇票是出票的公司承诺在约定的日期付款，能否收到钱取决于出票公司的信用，相当于格式比较齐全的出票公司的白条。应收账款连白条都免了，根据双方的合同或者约定俗成的惯例，享有向对方收款的权利。所以，对于应收商业承兑汇票和应收账款，我们要时刻关注对方的履约能力、履约意愿来判断能不能收到钱，能收到多少钱。前几年P2P爆雷的时候，流行的一句话是"你想着人家的利息，人家想的是你的本金"，道尽了信用减值损失的本质。2021年，上海电气因供应链上下游的预付账款和应收账款损失了将近100亿元。2021年，恒大债务危机影响了一大批上游从事建筑施工和建筑装饰的公司，包括金螳螂、广田集团等，都计提了数十亿元的信用减值损失。表6-21是金螳螂2021年年报中披露的信用减值损失明细，大致等于前三年的净利润，相当于前三年都白干了。

表 6-21　金螳螂 2021 年信用减值损失

单位：元

项目	本期发生额	上期发生额
其他应收款坏账损失	−3 905 646.42	−3 601 882.53
长期应收款坏账损失	1 649 180.26	−902 874.64
应收票据坏账损失	−1 415 065 548.85	−136 199 708.59
应收账款坏账损失	−4 597 173 956.95	−311 064 791.60
一年内到期的非流动资产坏账损失	−18 071.97	−585 904.50
其他非流动资产坏账损失	962 661.19	
合计	−6 013 551 382.74	−452 355 161.86

（3）对于商誉金额巨大的公司，要提防巨额商誉减值损失引起的业绩变脸。从 2015 年开始，每年都有一些上市公司巨额商誉减值损失的案例。有些公司甚至连续好几年都计提商誉减值损失，比如，华谊兄弟。再比如，2019 年和 2020 年，美年健康计提商誉减值准备合计 13.62 亿元；在 2021 年末，美年健康商誉账面价值仍高达 40.51 亿元；而后续的收购可能会继续增加商誉的金额。

固定资产减值损失、无形资产减值损失、长期股权投资减值损失等项目就不一一介绍了，其本质是一样的：就是当初投下去的钱，现在看起来有些收不回来了，这些收不回来的钱就是减值损失。

对此上市公司年报的财务报表附注中都有更详细的信息披露。比如，宁德时代在 2021 年年报的财务报表附注中披露的资产减值损失信息如表 6-22 所示。宁德时代 2021 年各类资产减值损失合计为 203 433.78 万元，相当于投在这些资产上的这么多现金亏掉了。

表 6-22　宁德时代 2021 年资产减值损失

单位：万元

项目	本期发生额	上期发生额
存货跌价损失及合同履约成本减值损失	−188 408.18	−62 527.13
固定资产减值损失		−14 261.42
长期股权投资减值损失	−15 000.00	−5 896.30
合同资产减值损失	−35.60	−64.09
合计	−203 443.78	−82 748.94

宁德时代在 2021 年年报中披露的信用减值损失信息如表 6-23 所示，相当于有 1 330.16 万元的应收款项收不到钱。

表 6-23 宁德时代 2021 年信用减值损失

单位：万元

项目	本期发生额	上期发生额
其他应收款坏账损失	24 163.08	−17 353.40
应收账款坏账损失	−25 578.52	−16 759.58
应收票据坏账损失	85.28	−85.28
合计	−1 330.16	−34 198.25

注：由于四舍五入，合计数与各项之和略有出入。

出现巨额减值损失，上市公司肯定是某个管理环节出现了重大的漏洞或犯下了重大的错误。减值损失是结果，管理决策是原因。

第七节　从现金看其他收益和营业外收支

其他收益是政府给企业的补助。营业外收入是企业日常经营活动外赚的现金；营业外支出是企业日常经营活动外花掉的现金。营业外收入和营业外支出可以说是企业的兜底项目，花掉的钱不能列入利润表的具体项目的话，就列入这两个项目。

对于大多数上市公司来说，这几个项目的金额应该都不太大；如果金额比较大的话，要好好查阅这些项目的财务报表附注，分析具体的原因。

其他收益和营业外收入都与政府补助有关。因此，在介绍其他收益和营业外收支之前，先了解一下政府补助。

政府补助是指企业从政府无偿取得货币性资产或非货币性资产。政府补助的主要形式有：财政拨款、财政贴息、税收返还、无偿划拨非货币性资产。政府补助主要有如下特征：无偿性；来源于政府的经济资源。上市公司常见的政府补助主要是财政拨款、财政贴息、税收返还。

　　注意，如果政府有偿给上市公司现金，需要上市公司提供商品或服务，那么，对于上市公司来说就是销售，对于政府来说就是政府采购，这个时候，上市公司把这些钱确认为营业收入。《企业会计准则第 16 号——政府补助》第五条规定：企业从政府取得的经济资源，如果与企业销售商品或提供服务等活动密切相关，且是企业商品或服务的对价或者是对价的组成部分，适用《企业会计准则第 14 号——收入》等相关会计准则。对新能源汽车厂商而言，如果没有政府的新能源汽车财政补贴，企业通常不会以低于成本的价格进行销售。中央和地方财政补贴实质上是为消费者购买新能源汽车承担和支付了部分销售价款，其拨付的补贴金额应属于新能源汽车厂商销售商品的资金流入，在性质上属于收入。因此，新能源汽车厂商应当按照收入准则的规定进行会计处理，在款项满足收入确认条件时应将其确认为收入，并根据中央和地方的相关补贴政策合理估计未来补贴款的金额。

　　政府补助是无偿的。那么，这些现金在利润表中怎么处理呢？

　　如果政府补助是直接补贴上市公司的成本，那么，就冲减上市公司的营业成本。

　　如果政府补助是补贴上市公司的日常活动，那么，就计入其他收益。

　　如果不是上面两种情况，就计入营业外收入。

　　其他收益项目，反映政府补贴给企业的日常活动的钱。一般来说，会计核算上在企业收到政府补助的现金的时候，确认相应的其他收益。因此，收到现金和确认其他收益两者在时间上是一致的。

　　表 6-24 是万华化学 2021 年年报中披露的其他收益信息。从表 6-24 中我们可以看出，万华化学 2021 年的其他收益发生额为 453 119 500.92 元，2020 年为 742 389 350.24 元，其绝对金额还是比较客观的，一方面说明政府非常支持万华化学的发展；另一方面说明万华化学在产业发展和产业升

级方面，具有非常强的实力。

表 6-24　万华化学 2021 年其他收益

单位：元

项目	本期发生额	上期发生额
扶持企业发展专项资金	159 070 874.32	523 411 490.06
资源综合利用及节能奖励	81 741 537.46	45 511 974.39
重点优势行业扶持专项资金	61 001 800.00	47 669 087.77
产业升级补贴	47 454 776.28	42 454 776.24
产业扶持补助	14 998 799.33	9 491 500.44
产业振兴和技术改造补助款	9 732 522.88	11 647 743.57
增强制造业核心竞争力专项资金	9 670 833.39	3 569 166.72
环保专项补贴	4 033 750.00	4 033 750.00
产业结构优化专项资金	3 852 949.68	3 852 949.68
两区建设专项资金	3 025 210.08	3 025 210.08
重点行业技术改造项目贷款贴息	2 397 374.56	1 951 191.79
园区升级改造补助资金	1 066 186.13	1 256 250.00
循环化改造补助资金	750 000.00	750 000.00
绿色制造系统集成项目专项补贴		4 239 600.00
其他	54 322 886.81	39 524 659.50
合计	453 119 500.92	742 389 350.24

营业外收入是指与企业日常营业活动没有直接关系的各项利得。主要包括：企业合并损益、盘盈利得、因债权人原因确实无法支付的应付款项、政府补助、教育费附加返还款、罚款收入、捐赠利得等。企业合并损益，是指合并对价小于取得的可辨认净资产公允价值的差额。盘盈利得，是指企业对现金等资产清查盘点中盘盈的部分，报经批准后计入营业外收

入的金额。因债权人原因确实无法支付的应付款项，主要是指因债权人单位变更登记或撤销等而无法支付的应付款项等。政府补助中与企业日常经营活动无关的部分，计入营业外收入。罚款收入，是指对方违反国家有关行政管理法规，按照规定支付给本企业的罚款，不包括银行的罚息。

从现金角度看，有一些营业外收入有对应的现金流入，比如政府补助、罚款收入、捐赠利得等；但是，有一些营业外收入则没有对应的现金流入，比如企业合并损益。一般来说，营业外收入的金额都不会很大，如果营业外收入金额很大的话，一定要查阅财务报表附注，看看其具体构成，尤其是要判断是真金白银的营业外收入，还是会计上做账而已的营业外收入。

比如，政府补助的营业外收入，企业真正收到了现金；企业债务重组的营业外收入，在确认营业外收入的时点可能只是做了一笔会计分录而已，企业并没有收到对应的现金，也就是企业手里的钱并没有增加。

表 6-25 是万华化学 2021 年年报中的营业外收入附注信息，跟万华化学的营业收入比较，营业外收入的金额很小。

表 6-25　万华化学 2021 年营业外收入

单位：元

项目	本期发生额	上期发生额	计入当期非经常性损益的金额
非流动资产处置利得合计	70 796.46	190 682.80	70 796.46
其中：固定资产处置利得	70 796.46	190 682.80	70 796.46
合同违约赔偿	12 457 411.09	15 821 245.85	12 457 411.09
长期股权投资利得	55 009 314.17		55 009 314.17
碳排放权交易收益	21 561 367.93		21 561 367.93
其他	7 574 200.11	7 466 811.51	7 574 200.11
合计	96 673 089.76	23 478 740.16	96 673 089.76

营业外支出是指除主营业务成本和其他业务支出等以外的各项非营业性支出，如罚款支出、捐赠支出、非常损失等。

从现金与营业外支出的关系看，有些营业外支出发生的时候需要支付现金，比如罚款支出、捐赠支出等；有些营业外支出发生的时候，并不需要同步支付现金，比如处置固定资产的损失，现金在购置固定资产的时候支付，发生处置损失的时候并不需要支付现金。

营业外支出的金额一般来说也不大。如果金额比较大，我们需要通过财务报表附注查明原因，看是否会对企业的长期发展造成重大负面影响。

表6-26是万华化学2021年年报中的营业外支出附注信息。虽然万华化学的营业外支出跟公司的规模和体量比较，相对比例并不高，但是绝对金额有3.7亿元，尤其是非流动资产处置损失为2.92亿元。

表6-26　万华化学2021年营业外支出

单位：元

项目	本期发生额	上期发生额	计入当期非经常性损益的金额
非流动资产处置损失合计	291 512 822.35	89 289 759.51	291 512 822.35
其中：固定资产处置损失	234 333 730.85	89 289 759.51	234 333 730.85
在建工程处置损失	57 179 091.50		57 179 091.50
对外捐赠	10 239 154.38	11 342 556.35	10 239 154.38
其他	68 931 172.77	15 588 719.00	68 931 172.77
合计	370 683 149.50	116 221 034.86	370 683 149.50

第八节　从现金看息税前利润

上市公司赚的钱，在向债权人支付利息和向政府缴纳企业所得税之前，称为息税前利润。息税前利润包括现金资产利润、长期股权投资收益和经营利润：

　　息税前利润 = 现金资产利润 + 长期股权投资收益 + 经营利润

　　不过，严格意义来说，按照上述公式计算出来的并非完全的息税前利润，因为：①现金资产利润中的公允价值变动带来的损益和其他综合收益，在报表上已经是扣除所得税后的金额；②长期股权投资收益，往往被投资企业已经缴纳企业所得税，已经是税后利润。但是，考虑到调整计算的复杂性以及分析的成本收益，我们一般不做如此精确的调整计算，而是采用上述公式做近似处理。

一、从现金看经营利润

　　前面已经详细介绍了与计算经营利润相关的项目，包括营业收入、营业成本、税金及附加、销售费用、管理费用、研发费用、资产减值损失、信用减值损失、其他收益、营业外收入和营业外支出等。这些项目发生的时点和现金收付的时点会存在不一致。

　　在计算经营利润的时候，还没有减去财务费用和所得税费用。因为财务费用与企业的筹资活动相关，与企业的经营活动无关；而所得税费用取决于国家的税收政策。

　　后面会介绍经营活动产生的现金流量净额，需要减去企业用现金支付的各项税费。如果把经营利润减去按照企业适用的所得税税率计算的经营利润所得税费用，可以计算出税后经营利润。经营活动产生的现金流量净额和税后经营利润两者在时点和金额上可能会存在以下三种情形：

　　一是经营活动产生的现金流量净额大于税后经营利润。这是比较正常的常见情形，因为在计算税后经营利润的时候，减去的营业成本和费用中包含了企业折旧、摊销的结转，而折旧、摊销的金额在结转的时候并不需要支付现金，所以无须在计算经营活动产生的现金流量净额的时候予以扣减。资产减值损失和信用减值损失也是同理。经营活动产生的现金流量净额近似地等于税后经营利润加上折旧、摊销和减值损失。

二是经营活动产生的现金流量净额刚好等于税后经营利润。这种情形很少见。

三是经营活动产生的现金流量净额小于税后经营利润。在这种情形下，企业的税后经营利润赶不上存货、应收款项增加的金额，相当于企业赚的钱，都积累在了存货、应收款项上。这个时候，我们一定要注意，存货、应收款项是否能够及时周转到下一个环节并最终变成现金。

二、从现金看现金资产利润

前面讲到现金资产的时候说到，现金资产包括货币资金、交易性金融资产、衍生金融资产、债权投资、其他债权投资、其他权益工具投资、其他流动资产或其他非流动资产中的委托贷款与定期存款等金融资产、其他非流动金融资产、划分为持有待售的资产（马上处置后收到现金）、投资性房地产、应收股利和应收利息（马上可以收到的现金）等。此外，大家在查阅 2019 年以前年报的时候，还会看到以公允价值计量且其变动计入其他综合收益的金融资产、以摊余成本计量的金融资产等旧报表格式下的项目，大家也要作为现金资产处理。相应地，现金资产赚回来的现金，都属于现金资产利润。因此，利润表中归属于现金资产利润的项目包括：短期投资收益、利息收入、公允价值变动收益、汇兑收益、其他综合收益的税后净额，等等。

短期投资收益，是上市公司持有的银行存款、定期存款和委托贷款以外的金融资产收到的现金股利与利息，以及这些金融资产出售时增值部分的金额，包括交易性金融资产、衍生金融资产、以公允价值计量且其变动计入其他综合收益的金融资产、以摊余成本计量的金融资产、债权投资、其他债权投资、其他权益工具投资等项目的现金股利与利息以及出售时增值部分。计算短期投资收益金额的公式是：

短期投资收益 = 利润表中的投资收益 − 对合营企业和联营企业的投资收益

利息收入，是上市公司货币资金中银行存款产生的利息和其他流动资产与其他非流动资产中的定期存款与委托贷款的利息等。在标准的利润表中，利息收入作为利息支出的扣减项，在利息支出减去利息收入后计算出财务费用。这个计算过程的逻辑存在着瑕疵，把两种不同的活动搅到了一起：利息支出是筹资活动结果，债务筹资形成利息支出；利息收入是投资活动的结果，银行存款的投资带来利息收入。

公允价值变动收益，是上市公司持有的以公允价值计量且其变动计入当期损益的金融资产，在持有期间由于公允价值的变动带来的收益。公允价值变动收益与短期投资收益的区别在于：短期投资收益是上市公司已经赚到手的钱；公允价值变动收益是上市公司账上已经赚到手的钱。举个例子：A上市公司2022年3月1日买了100万股B上市公司的股票，每股成本为10元；2022年6月30日，A上市公司以每股16元卖掉了50万股B上市公司的股票，卖出时A上市公司的短期投资收益为300万元（=50万股×6元/股）；2022年7月20日，A上市公司收到B上市公司的现金股利30万元（= 剩余50万股 × 每股现金股利0.6元），A上市公司收到现金股利时短期投资收益为30万元；2022年12月31日，B上市公司的股价为22元/股，A上市公司的公允价值变动收益为600万元

（＝剩余 50 万股 × 每股公允价值变动 12 元）。

在现金资产利润中，比较难得出准确结果的是汇兑收益。利润表中的汇兑收益，包括了金融资产和金融负债的汇兑收益以及经营资产和经营负债的汇兑收益。汇兑收益会影响企业的所得税费用，为了讲解的方便，不展开论述企业所得税的计算，只是简要给大家介绍一下汇兑收益产生的过程：比如，A 上市公司在 2022 年 1 月 1 日有 10 000 万美元的外币银行存款，当日的汇率为 1 美元 =6.45 元人民币，换算为人民币为 64 500 万元；假设该外币银行存款在 2022 年一直没有使用，到了 2022 年 12 月 31 日，汇率为 1 美元 =6.9 元人民币，换算为人民币为 69 000 万元，比年初多了 4 500 万元，相当于这些美元存款换成人民币的时候 A 上市公司赚了 4 500 万元，这就是汇兑收益。反过来，如果在 2022 年 12 月 31 日人民币升值到 1 美元 =6 元人民币，则换算为人民币为 60 000 万元，汇兑损失为 4 500 万元。

上面的例子中，外币银行存款属于金融资产，这 4 500 万元汇兑收益就是金融资产利润。

如果是金融负债产生的汇兑收益，跟企业的筹资活动关系更加密切，应该归类为企业的财务费用（筹资成本）。比如，很多房地产上市公司发行了美元债券进行融资，假设 C 房地产上市公司在 2022 年 1 月 1 日发行了 10 亿美元的债券，当日汇率为 1 美元 =6.45 元人民币，换算为人民币为 64.5 亿元，相当于 C 公司增加了 64.5 亿元的人民币有息债务；假设到了 2022 年 12 月 31 日，汇率为 1 美元 =6.9 元人民币，相当于 C 公司要偿还这些债券的话，要拿出 69 亿元，比年初多了 4.5 亿元，这部分钱构成了 C 公司美元融资的成本，计入 C 公司的财务费用更加合适。

如果是企业的经营资产和经营负债产生的汇兑收益，跟企业的经营活动密切相关，归类为经营利润更加合理。比如，M公司在2022年3月3日出口了一批产品到美国，该批产品的合同金额为1 000万美元，M公司当天确认了营业收入1 000万美元，但是钱没有收到，约定的收款日期为6月3日，因此M公司将这1 000万美元记在应收账款项目，当天的汇率为1美元=6.51元人民币，换算成人民币为6 510万元；到了6月3日，汇率为1美元=6.62元人民币，M公司收到了1 000万美元，并兑换成人民币6 620万元，相当于M公司汇兑收益为110万元。这个汇兑收益是M公司的销售业务带来的，应归类为经营利润。

在上面的汇兑收益例子中，为了讲解的方便，没有考虑企业所得税的影响。如果考虑企业所得税，不影响分析结论：汇兑收益属于哪一类利润，要具体分析。然而，上市公司并没有披露分析所需要的详细信息，因此，分析的难度很大。在汇兑收益金额不大的情况下，我建议归为金融资产利润简单化处理，不做详细分析。如果汇兑收益金额比较大，大家可以通过给上市公司打电话、查看交易所的互动平台了解更多的信息和数据，再花时间详细分析。

利润表中的其他综合收益的税后净额，是上市公司持有的以公允价值计量并且公允价值波动计入其他综合收益的金融资产，在持有期间由于公允价值的变动带来的收益，这个收益的钱跟公允价值变动收益一样也是上市公司还没有赚到手的钱，只是账上算出来的结果。前面在介绍资产负债表中的相关项目时讲到过其他综合收益，是因为会计准则要求有些金融资产赚的钱计入净利润，有些金融资产赚的钱计入其他综合收益。大家只需要记住：利润表中的其他综合收益的税后净额也是给股东赚的钱，正数就是赚钱了，负数就是亏钱了！利润表中的其他综合收益的税后净额跟资产负债表中的其他综合收益有联系，利润表中的其他综合收益的税后净额是当期发生额，资产负债表中的其他综合收益是累计余额。

举个例子，假设 A 公司除了例子中的金融资产外没有任何其他金融资产，A 公司在 2022 年 3 月 1 日投了 5 000 万元，获得 B 公司 5% 的股权，A 公司将此作为其他权益工具投资，采用公允价值计量并且其波动计入其他综合收益；2022 年 12 月 31 日，该其他权益工具投资的公允价值为 9 000 万元（相当于 A 公司赚了 4 000 万元），A 公司使用的企业所得税税率为 25%，则 A 公司利润表中的其他综合收益的税后净额为 3 000 万元（赚了 4 000 万元，但其中 1 000 万元是以后要交给税务部门的企业所得税费用）；2022 年 12 月 31 日资产负债表中的其他综合收益为 3 000 万元，递延所得税负债为 1 000 万元（等以后钱赚到手了再交企业所得税，没交之前是负债）。2023 年 3 月 31 日，该其他权益工具投资的公允价值为 10 000 万元，又上涨了 1 000 万元，2023 年一季度利润表中其他综合收益的税后净额的发生额为 750 万元（赚了 1 000 万元，其中 250 万元以后要交给税务部门）；2023 年 3 月 31 日的资产负债表中其他综合收益累计金额为 3 750 万元。

从现金的角度，有一些现金资产利润已经收回现金，有一些现金资产利润则只是"纸上富贵"，并未收到现金。具体来说，短期投资收益是企业卖出短期投资后的利润或者确认的现金股利和利息，因此已经或马上收到现金；公允价值变动收益对应的资产并没有卖出，因此只是浮盈或浮亏，并没有收回相应的现金；利息收入，多数已经收到现金或者马上收到现金；汇兑收益，已经结汇的外币汇兑收益收到了现金，而持有的外币资产或者外币负债的汇兑收益则是账上的浮盈或者浮亏；其他综合收益中，已经出售或处置的金融资产的其他综合收益收到了现金，而尚未出售或处置的金融资产的其他综合收益是账上的浮盈或者浮亏。

三、从现金看长期股权投资收益

长期股权投资收益，就是长期股权投资带来的收益。请注意，上市公司合并财务报表中的长期股权投资，只包括对联营企业和合营企业的股权投资。所谓联营企业，是指上市公司对被投资企业有重大影响，比如通过委派董监高等可以影响公司的经营政策、财务政策等。所谓合营企业，是指上市公司跟其他合作方共同控制被投资企业，也就是需要所有股东一致同意才能做出重大决策。一般来说，上市公司投资联营企业和合营企业，并非为了短期出售赚点儿钱，而是希望通过联营企业和合营企业的经济活动赚钱。比如，宁德时代跟汽车厂商成立合营企业，是为了战略上实现自己跟客户之间的捆绑，从而保证业务的稳定性和连续性，进而赚更多的钱；宁德时代跟上游锂矿企业成立合营企业，是为了战略上实现上游原材料供应的稳定性，保证自己在未来能够赚更多的钱。

很多读者会产生的第一个疑问是：上市公司对子公司的股权投资体现到哪里了？子公司赚的钱体现到哪里了？上市公司是子公司的股东，子公司的股权资本来自上市公司的投资，上市公司的股权投资就是子公司的所有者权益，所以，在编制上市公司的合并财务报表时，两者互相抵销，然后把子公司的资产和负债都合并进来，因为子公司的资产和负债都是由上市公司控制的。子公司的营业收入、营业成本和费用都算到合并财务报表中的营业收入、营业成本和费用中，净利润和综合收益也统统算到合并财务报表中的净利润和综合收益中，而不是算到合并财务报表中的投资收益中。

接着会产生的第二个疑问是：不是子公司、联营企业和合营企业的股权投资，放到哪里去了？这些股权投资赚的钱体现到哪里了？这些股权投资都放到金融资产的其他项目（比如交易性金融资产、其他权益工具投资、其他非流动金融资产等）里了，赚的钱体现在短期投资收益、公允价值变动收益和其他综合收益的税后净额里，也就是我们前面说的现金资产利润。

长期股权投资赚的钱，是按照权益法计算的，体现在合并利润表中的"对联营企业和合营企业的投资收益"项目。所谓权益法，简单讲就是按照持股比例分享被投资企业的收益或者承担被投资企业的亏损。比如，A上市公司持有联营企业30%的股权，2022年度该联营企业实现了1 000万元的净利润，那么A上市公司享有300万元的利润；反之，如果亏损1 000万元，则按比例要承担300万元的亏损。

表6-27是万华化学2021年年度报告披露的长期股权投资及其投资收益情况。

请注意，表6-27中的投资收益是在账上算出来的，并不意味着上市公司真的收到了现金；当被投资企业进行现金分红并且把现金给上市公司的时候，或者上市公司把被投资企业的股权卖掉的时候，上市公司才把现金赚到了手。在表6-27中，我们可以看到，按权益法计算，万华化学在合营企业和联营企业的投资收益为27 745万元，现金股利为11 471万元。上市公司长期股权投资收益中通过现金分红赚到手的现金，体现在现金流量表投资活动产生的现金流量下"取得投资收益收到的现金"项目中；通过出售长期股权投资收回的本钱，体现在现金流量表投资活动产生的现金流量下"收回投资收到的现金"项目中。

表 6-27　万华化学 2021 年年度报告披露的长期股权投资及其收益

单位：元

被投资单位	期初余额	本期增减变动							期末余额	减值准备期末余额
		追加投资	减少投资	权益法下确认的投资损益	其他综合收益调整	其他权益变动	宣告发放现金股利或利润	外币报表折算		
一、合营企业										
烟台港万华工业园码头有限公司	742 046 179.33			83 329 558.77					825 375 738.10	
宁波穗北热电有限公司	221 885 565.09			87 313 659.29			46 750 000.00		262 449 224.38	
杭州浙凯工程技术有限公司	596 217.24			13 363.47				-39 218.73	570 361.98	
AW Shipping Limited	88 738 171.51	381 371 755.01		6 641 045.81				-6 976 399.51	469 774 572.82	
中粮桶（烟台）有限公司	7 393 817.14	640 000.00		1 461 902.16					9 495 719.30	

（续）

被投资单位	期初余额	本期增减变动							期末余额	减值准备期末余额
		追加投资	减少投资	权益法下确认的投资损益	其他综合收益调整	其他权益变动	宣告发放现金股利或利润	外币报表折算		
中粮制桶（福建）有限公司		3 200 000.00		−12 381.92					3 187 618.08	
小计	1 060 659 950.31	385 211 755.01		178 747 147.58			46 750 000.00	−7 015 618.24	1 570 853 234.66	
二、联营企业										
林德气体（烟台）有限公司	102 776 051.56			6 233 489.91					109 009 541.47	
烟台大宗商品交易中心有限公司	9 130 160.92			−75 164.39					9 054 996.53	
烟台万华氯碱有限责任公司	139 273 973.16			44 081 447.48			6 160 000.00		177 195 420.64	
IBI Chematur（Engineering & Consultancy）Ltd	1 140 137.63			−1 051 430.07				−52 614.74	36 092.82	

公司					
三亚星旅启明基金合伙企业（有限合伙）	950 094.47			−52 028.83	1 002 123.30
福建省东南电化股份有限公司	703 320 258.36	−95 892.57		33 580 331.97	669 835 818.96
华陆工程科技有限责任公司	502 732 419.00	−723 318.21	−1 932 000.00	49 394 546.65	455 993 190.56
福州福华混凝土有限公司	9 809 825.01			−390 174.99	10 200 000.00
华能（莱州）新能源科技有限公司	19 470 275.49				19 470 275.49
华能（海阳）光伏新能源有限公司	128 566 000.00				128 566 000.00

（续）

被投资单位	期初余额	本期增减变动							期末余额	减值准备期末余额
		追加投资	减少投资	权益法下确认的投资损益	其他综合收益调整	其他权益变动	宣告发放现金股利或利润	外币报表折算		
烟台冀东润泰建材有限公司		4 376 276.00		785 731.53					5 162 007.53	
国能（福州）热电有限公司		592 657 140.50		−31 474 833.10			61 803 288.15		499 379 019.25	
烟台冰轮环保科技有限公司		4 000 000.00		−101 242.40					3 898 757.60	
上海乐橘科技有限公司		120 000 000.00		−2 225 330.35					117 774 669.65	
中核山东核能有限公司		72 500 000.00							72 500 000.00	
小计	253 322 446.57	2 077 598 701.51		98 705 343.41	−1 932 000.00	−819 210.78	67 963 288.15	−52 614.74	2 358 859 377.82	
合计	1 313 982 396.88	2 462 810 456.52		277 452 490.99	−1 932 000.00	−819 210.78	114 713 288.15	−7 068 232.98	3 929 712 612.48	

那么，怎么判断长期股权投资赚不赚钱、赚的钱够不够多呢？可以计算长期股权投资的收益率：

长期股权投资收益率＝对联营企业和合营企业的投资收益／长期股权投资 ×100%

其中，对联营企业和合营企业的投资收益，在利润表中取数；长期股权投资，在资产负债表中取数。如果长期股权投资的期末数和期初数相差比较大，分母可以采用"长期股权投资加权平均数"，即：

长期股权投资收益率＝对联营企业和合营企业的投资收益／〔（期初长期股权投资 ＋ 期末长期股权投资）／2〕×100%

按上述公式计算，万华化学 2017～2021 年的长期股权投资收益率如表 6-28 所示。

表 6-28　万华化学的长期股权投资收益率

金额单位：万元

报告期	2021-12-31	2020-12-31	2019-12-31	2018-12-31	2017-12-31	2016-12-31
	年报	年报	年报	年报	年报	年报
报表类型	合并报表	合并报表	合并报表	合并报表	合并报表	合并报表
长期股权投资收益	27 745	13 157	8 804	9 347	10 456	
长期股权投资	392 971	131 398	71 759	64 277	52 563	36 330
长期股权投资收益率	10.58%	12.95%	12.94%	16.00%	23.52%	

资料来源：年度报告。

四、如何从现金看息税前利润

因为息税前利润是由经营利润、长期股权投资收益和现金资产利润三者构成的，而这三者都存在着利润（收益）与现金之间的不一致，有可能有利润但是没有收到现金，也有可能收到了现金但是还不能确认利润；有些利润已经收到现金，有些利润则只是账上浮盈、"纸上富贵"。

在看息税前利润的时候，需要重点关心：没有收到现金的利润是否能够收回现金？什么时候可以收回现金？可以收回多少金额的现金？

从企业闭环管理的角度，在"投入现金——……——收回更多的现金"的循环中，只有真正把现金收回企业手里，才完成了闭环。

第九节　从现金看财务费用和利息支出

看到财务费用的时候，我们就会想到要付给银行的贷款利息，以及企业为了筹集资金而支付的其他费用。其实，利润表中的财务费用，与付给银行的贷款利息和企业为了筹集资金而支付的其他费用的口径并不完全一样：财务费用包括了给金融机构的手续费用、汇兑损益等，但不包括资本化的利息和其他筹资费用，还扣减了利息收入；贷款利息和其他筹资费用包括了资本化的利息和其他筹资费用，但不能把利息收入抵减掉，利息收入属于资产创造的收益。要查询上市公司债务的资金成本，必须查阅财务费用附注，看上市公司债务的贷款利息和债务筹资费用总额，而不能直接用财务费用的金额——用这个金额往往会低估上市公司债务的资金成本。

在看财务费用的时候，有两个概念要理解：费用化和资本化。所谓费用化，就是企业的支出计入当期费用，在利润表中作为减项扣除掉；所谓资本化，就是企业的支出计入资产负债表中的资产，在以后通过折旧、摊销、折耗的方式结转入成本费用，再从利润表中作为减项扣除掉。其理论基础是：费用化，是因为这些支出所对应的活动已经在当期产生效益，并且不再对未来期间产生影响，或者即使产生影响也很难判断，比如前面提到过的广告支出；资本化，是因为这些支出是为了未来期间的活动和效益而发生的，所以需要先计入资产，等在未来期间发挥作用的时候再计入费用。

利息资本化，是指借款的目的是获得长期资产，因此借款所发生的利息也应当作为长期资产成本的一部分，等到长期资产投入使用的时候，把长期资产成本（包括利息）通过折旧、摊销或折耗的方式计入以后期间的成本费用。举个例子：A 上市公司在 2021 年 1 月 1 日为了建一座工厂，投入自有资金 1 亿元，年化利率为 5% 的银行贷款 1 亿元（按季度付息）；2 亿元全部投入工厂建设，到了 2023 年 1 月 1 日，工厂完工投入使用；这个工厂的完工成本是 2.1 亿元（=1 亿元自有资金 +1 亿元银行贷款 +500 万元年利息 × 2 年）；这 2.1 亿元在工厂的预计使用期间内计提折旧，作为以后使用工厂的当期成本费用。简言之，把利息计入资产，就是利息资本化。

会计上把利息分为费用化利息和资本化利息，但是，从现金流的角度和企业筹资管理的角度，不管是费用化利息还是资本化利息，都是上市公司要支付给债权人的利息，是借债的资金成本。

我们来看一些上市公司年报中的财务费用附注。

表 6-29 是宁德时代 2021 年年报中的财务费用附注。

表 6-29　宁德时代 2021 年年报中的财务费用附注

单位：万元

项目	本期发生额	上期发生额
利息费用总额	117 436.43	65 448.77
减：利息资本化	1 326.39	1 405.34
利息费用	116 110.04	64 043.43
减：利息收入	232 326.20	149 460.10
汇兑损益	41 922.87	11 790.72
手续费及其他	10 173.29	2 361.70
合计	−64 120.00	−71 264.24

注：由于四舍五入，合计数与各项之和略有出入。

从表 6-29 中我们可以看到，宁德时代 2021 年的财务费用为 −64 120 万元，这是因为宁德时代的利息收入 232 326.20 万元远远超过了利息费用、汇兑损益和手续费及其他。财务费用为负数，并不是宁德时代不需要支付利息费用和其他筹资费用的意思。宁德时代在 2021 年的利息费用总额为 117 436.43 万元，这才是真正的债务筹资利息。根据宁德时代的财务报表及其附注，我整理了最近几年的有息债务和利息费用总额数据，并计算了宁德时代的有息债务利率，如表 6-30 所示。考虑到宁德时代的债务最近几年一直在增加，我在计算的时候进行了期初债务和期末债务的简单加权平均，可能与实际债务期间会存在差异。不过，从结果来看，宁德时代的有息债务利率在 3% 左右，其债务融资成本远低于一般企业，说明债权人对宁德时代是非常看好的。债务利率的计算公式为：

有息债务利率 = 利息费用总额 / [（期末有息债务 + 期初有息债务）/ 2] × 100%

表 6-30　宁德时代的有息债务利率

金额单位：万元

报告期	2021-12-31	2020-12-31	2019-12-31	2018-12-31	2017-12-31	2016-12-31
	年报	年报	年报	年报	年报	年报
报表类型	合并报表	合并报表	合并报表	合并报表	合并报表	合并报表
有息债务	5 505 102	2 932 848	1 085 255	687 739	564 939	272 495
利息费用总额	117 437	65 448	30 613	21 150	10 283	
有息债务利率	2.78%	3.26%	3.45%	3.38%	2.46%	

接下来我们看看万华化学 2021 年年报中的财务费用附注，如表 6-31 所示。万华化学 2021 年财务费用为 147 864 万元，利息支出为 236 892 万

元，已资本化的利息费用为 33 466 万元。

表 6-31 万华化学 2021 年年报中的财务费用附注

单位：元

项目	本期发生额	上期发生额
利息支出	2 368 918 120.32	1 643 326 891.05
减：已资本化的利息费用	−334 656 695.28	−435 055 255.91
减：利息收入	−803 566 416.86	−326 557 053.69
汇兑差额	81 721 589.41	89 146 800.38
减：已资本化的汇兑差额		
其他	166 223 959.71	105 553 194.83
减：已资本化的手续费		
合计	1 478 640 557.30	1 076 414 576.66

我们采用与宁德时代相同的方法，计算万华化学的有息债务利率，如表 6-32 所示。从表 6-32 中可以看出，万华化学的有息债务利率要高于宁德时代的有息债务利率。

表 6-32 万华化学的有息债务利率

金额单位：万元

报告期	2021-12-31	2020-12-31	2019-12-31	2018-12-31	2017-12-31	2016-12-31
	年报	年报	年报	年报	年报	年报
报表类型	合并报表	合并报表	合并报表	合并报表	合并报表	合并报表
有息债务	8 191 373	5 614 621	3 000 342	2 322 068	2 174 006	2 198 187
利息支出	236 892	164 333	136 007	123 519	86 491	
有息债务利率	3.43%	3.82%	5.11%	5.49%	3.96%	

有些读者认为：利息资本化，从成本和收益配比的角度，具有合理性，因此，上市公司当期应当承担的利息就是费用化的这一部分。如果希望用"财务费用"判断上市公司当期的债务筹资成本的话，我们可以采用"真实财务费用"的口径，得出更接近实际的合理结论：

真实财务费用＝财务费用＋利息收入

经过上述公式调整，真实财务费用可以较好地反映企业的债务利息以及其他筹资活动费用。

从财务费用与现金的关系看，企业往往在财务费用发生的同时或者不久之后，就要支付相应的现金给对方，因此，在时间上基本同步。

第十节　从现金看所得税费用

企业赚了钱，就需要缴纳企业所得税（为叙述方便，以下简称为所得税），其缴税的基础是企业赚的钱；如果企业亏钱，当然也就没钱缴税了。企业赚的钱的计算口径，是以利润表中的利润总额为基础的，进行纳税调整后，计算出来应纳税所得额。在很多财务报表类的书中，也将利润总额称为税前利润，即缴税前的利润。

会计上计算的企业赚的钱和税务部门计算的企业赚的钱是不一样的。有时候会计上认为亏了的钱，税务部门不承认；有时候会计上认为赚了的钱，税务部门不要求上市公司缴税。

比如，上市公司在编制资产负债表的时候，发现存货值不了那么多钱，因此，就计提了存货跌价损失100万元；会计上确认了，税务部门不承认，要是税务部门承认的话，那么，上市公司就可以通过多计提减值损失来少缴企业所得税，税务部门征税就乱套了。在这种情况下，上市公司的税前利润扣除了存货减值损失，但在计算企业所得税的时候要加回去，25万元的企业所得税还是要缴纳的（假设适用25%的企业所得税税率）。不过，等到上市公司真正把这些存货按照损失100万元卖掉的时候，税务部门就会承认这些损失掉的钱，上市公司可以少缴25万元的企业所得税——在未来期间可以少缴税，就是企业的递延所得税资产25万元。

再比如，上市公司在2022年3月1日买了股票，成本为1 000万元，到2022年12月31日，市值为5 000万元，会计上认为赚了4 000万元（公允价值变动损益），但是税务部门不要求现在缴税，等到卖掉股票真正把钱赚到手的时候再缴税。在这种情况下，会计上要确认1 000万元的所得税费用（假设适用25%的企业所得税税率），同时确认1 000万元的递延所得税负债（以后要缴纳的税金）。

表6-33是万华化学2021年年报中的所得税费用附注。从附注中我们可以看到，万华化学2021年的所得税费用是411 203.91万元（利润表中列示的金额，按会计准则计算），其中，当期所得税费用为525 845.30万元（按税法计算），递延所得税费用为 -114 641.39万元（以后期间可以抵扣回来的所得税金额）。看所得税费用附注的时候，递延所得税费用有可能是正数，也有可能是负数，正数是以后要缴纳的税金，负数是以后可以抵扣少缴的税金。

表6-33　万华化学2021年年报中的所得税费用附注

单位：元

项目	本期发生额	上期发生额
当期所得税费用	5 258 453 028.35	1 456 991 202.09
递延所得税费用	-1 146 413 914.10	-139 724 011.23
合计	4 112 039 114.25	1 317 267 190.86

会计准则和税法的差异，会导致上市公司的实际所得税税率与名义所得税税率存在差异。可以用所得税费用除以税前利润（利润总额），来计算实际所得税税率：

实际所得税税率 = 所得税费用 / 税前利润 ×100%

万华化学的实际所得税税率如表 6-34 所示。

表 6-34   万华化学的实际所得税税率

金额单位：万元

报告期	2021-12-31	2020-12-31	2019-12-31	2018-12-31	2017-12-31
	年报	年报	年报	年报	年报
报表类型	合并报表	合并报表	合并报表	合并报表	合并报表
税前利润	2 830 050	1 218 522	1 223 772	1 596 762	1 675 165
所得税费用	411 204	131 727	166 704	314 814	344 042
实际所得税税率	14.53%	10.81%	13.62%	19.72%	20.54%

资料来源：年度报告。

也可以计算宁德时代的实际所得税税率，如表 6-35 所示。

表 6-35   宁德时代的实际所得税税率

金额单位：万元

报告期	2021-12-31	2020-12-31	2019-12-31	2018-12-31	2017-12-31
	年报	年报	年报	年报	年报
报表类型	合并报表	合并报表	合并报表	合并报表	合并报表
税前利润	2 290 112	914 336	1 005 843	361 947	509 503
所得税费用	202 640	87 864	74 809	46 892	65 404
实际所得税税率	8.85%	9.61%	7.44%	12.96%	12.84%

资料来源：年度报告。

从两家公司的计算结果看，宁德时代的实际所得税税率要低于万华化学，一方面可能是因为宁德时代主营新能源锂电池，政府给了新兴产业更多的税收优惠政策；另一方面可能是因为宁德时代的研发费用率要远远高于万华化学，享受了更多的研发费用加计扣除而降低了企业的实际所得税税率。

从所得税费用和现金的关系看，因为受递延所得税资产和递延所得税负债的影响，所得税费用并不是企业向税务局缴纳所得税时支付的现金金额。企业缴纳所得税时支付的现金金额，是企业的应交所得税，其计算如下：

企业应交所得税 = 所得税费用 + 递延所得税资产 − 递延所得税负债

一般来说，企业预交一部分所得税，如果预交所得税不够的话，在计算出应交所得税后较短的一段时间内，就需要向税务机关补交差额。因此，应交所得税和现金不会存在长时间的差异。

第十一节　从现金看净利润

上市公司要给股东赚钱，这个钱体现为净利润：

净利润 = 息税前利润 − 财务费用 − 企业所得税费用

我们在看净利润的时候，需要考虑三个方面的问题：

一是是否为真正赚到现金的净利润。有些上市公司会出现有利润但是手里没有赚到钱的情况，这是因为利润被应收款项、存货等项目吞掉了。如果应收款项和存货是正常的，那么，即使短期没收到钱，问题也不大，怕就怕最后应收款项打了水漂，存货烂在了手里。

二是净利润是不是达到了股东的预期。计算净利润的时候，没有把股东的资金成本扣减掉。按照股东的预期回报，从净利润中把股东的资金成本扣减掉以后，才是企业真正给股东赚的钱。

三是目前赚的钱，有没有影响企业的长期发展，企业有没有为了短期利润涸泽而渔，企业是否为了长远发展打下良好的基础。比如，不能为了短期利润而把未来发展需要的研发费用砍掉。

对于利润主要来自经营活动，长期股权投资收益和现金资产利润比较少的企业来说，净利润和现金之间的关系可以用净利润和经营活动产生的现金流量净额来表示：

经营活动产生的现金流量净额＝净利润＋资产减值准备＋信用减值准备＋固定资产折旧＋无形资产摊销＋财务费用＋投资损失＋营运资本变动

因此，一般情况下，经营活动产生的现金流量净额应当大于净利润，说明净利润的水分少，是真金白银的净利润。

当然，如果企业处于快速成长期，营业收入增长速度很快，为了支撑营业收入的增长，企业可能会大幅增加存货、应收款项等营运资本，这个时候，经营活动产生的现金流量净额可能会小于净利润，这也是正常情况。在这种情形下，我们需要时刻关注存货和应收款项转换为现金的速度是否保持正常。

第七章

从现金看经营活动和自由现金流

对于企业来说，前期投入长期经营资产和周转性经营投入的现金，需要通过经营活动赚回来。因此，我们要看一家企业的"经营活动产生的现金流量"来判断是不是真正赚取了足够多的现金。

虽然经营活动产生的现金流量的篇幅和内容在整个企业财务报表中所占的比例不高，多数财务报表分析的著作也未将这部分内容作为重点，但是这部分内容是企业现金流循环的闭环之处，是企业财务报表的"点睛之笔"。

第一节　通过经营活动收回现金

企业的投资活动和筹资活动，企业的资产和资本，以及企业的营业收入、成本费用，最终都是为通过经营活动收回现金服务的。收回比投入的现金还要多的现金，是企业创造价值的具体财务表现。

在现代会计的发展过程中，现金流量表的出现要晚于资产负债表和利润表，因此，绝大多数讲财务报表的书，都以资产负债表和利润表为主，关于现金流量表的内容少得可怜。与资产负债表和利润表相关的财务指标非常多，比如资产负债率、财务杠杆倍数、流动比率、速动比率、毛利率、费用率、销售净利率、资产周转率、存货周转率、应收款项周转率，等等。有关现金流量表计算的财务指标较少。

　　其实，现金流量表是财务报表的核心报表，资产负债表和利润表都是现金流循环中的一个环节或节点。成功的企业，财务的简单表述就是"现金……更多的现金……更更多的现金……更更更多的现金……"的可持续循环，中间的省略号就是资产负债表和利润表，它们是构成企业现金流循环的一部分，比如，"最初的现金（通过股权筹资和债务筹资获得的资本）—资产—收入、成本费用—利润—更多的现金"，其含义就是拿最初的现金通过投资活动形成资产，运用资产生产产品，再卖掉产品获得收入，收入超过成本费用的部分就是利润，把本钱和利润收回来就是更多的现金。企业盈利模式的起点是现金，终点是更多的现金。

　　有些公司，筹资后通过投资活动本身来赚钱，比如私募股权基金。有些公司，既通过投资活动本身来赚钱，也通过经营活动来赚钱，比如上汽集团，既通过对上汽大众和上汽通用的股权投资赚钱（投资活动），也通过自主品牌来赚钱（经营活动）。但是，对于多数上市公司来说，主要是通过经营活动，把投出去和花出去的本金赚回来。本金是不是赚回来了、赚了多少回来，体现为经营活动产生的现金流量。通过经营活动收回现金的情况，要看现金流量表中的"经营活动产生的现金流量"，其内容如表7-1所示。

表 7-1 经营活动产生的现金流量

一、经营活动产生的现金流量:
销售商品、提供劳务收到的现金
收到的税费返还
收到其他与经营活动有关的现金
经营活动现金流入小计
购买商品、接受劳务支付的现金
支付给职工以及为职工支付的现金
支付的各项税费
支付其他与经营活动有关的现金
经营活动现金流出小计
经营活动产生的现金流量净额

一、"经营活动产生的现金流量"报表项目的解释

"经营活动产生的现金流量"报表项目都比较好理解，跟字面意思相同。

销售商品、提供劳务收到的现金，是企业通过经营活动收回来的现金。

收到的税费返还，是税务部门根据政策返还给企业的现金。

购买商品、接受劳务支付的现金，是企业买原材料和服务付出去的现金。

支付给职工以及为职工支付的现金，是企业付给员工的现金。

支付的各项税费，是企业交给税务部门的现金。

收到其他与经营活动有关的现金和支付其他与经营活动有关的现金，

是指在经营活动中收到或者支付的押金、保证金、罚款等。

　　企业在购建固定资产、无形资产和其他长期资产以及取得子公司及其他营业单位的时候，和在购买商品、接受劳务以及给员工发工资与奖金的时候，都需要考虑这些花出去的现金是否能够通过企业的经济活动赚回来。只有能够赚回花出去的现金，企业才能可持续发展。

　　如果企业预计无法收回购建长期资产或者并购子公司花出去的现金，那么，购建活动或并购活动就应该停止。如果企业预计无法收回购买商品、接受劳务花出去的现金，那么，采购活动就应该停止。如果企业预计员工无法给企业带来超过其工资与奖金的回报，那么，企业就应该裁员。

二、怎么看经营活动产生的现金流量

（一）销售商品、提供劳务收到的现金

　　销售商品、提供劳务收到的现金，可以分为以下几种情形：

　　（1）最好的情形，销售商品、提供劳务收到的现金每一年都比前一年多，保持持续增长，说明企业处在成长期。增长的幅度越大，企业的成长速度越快。

　　（2）一般的情形，销售商品、提供劳务收到的现金每一年都跟前一年差不多，说明企业经营比较稳定，没有成长。

　　（3）最差的情形，销售商品、提供劳务收到的现金每一年都比前一年少，持续减少，说明企业处于衰退期。减少的幅度越大，企业衰退的速度越快。

　　（4）波动的情形，销售商品、提供劳务收到的现金在一个区间内，有

些年份多，有些年份少，说明企业处于波动的状态。如果一直处于这个区间，企业也没有成长。

理论上来说，一家企业的营业收入虽然会与销售商品、提供劳务收到的现金有时点上的差异，但是，营业收入迟早都会收到现金。我国企业都适用增值税，增值税作为价外税，在会计核算的时候，并不包含在营业收入中，但是，销售商品、提供劳务收到的现金是包含增值税的（客户支付给企业的款项包括商品、劳务的价款以及增值税）。因此，多数情况下，销售商品、提供劳务收到的现金（包含了增值税）应该高于营业收入的金额（不含增值税）。如果前者低于后者，说明有一部分营业收入没有收到现金，此时，需要关注其原因：到底是企业营业收入快速增长引起的正常情况，还是企业现金流循环出现了问题——应收款项非正常大幅增加，还是企业以营业收入去抵营业成本。

有很多人想当然地认为，销售商品、提供劳务收到的现金会小于营业收入，因为企业存在着应收账款，这部分应收账款没有收到现金。前面在介绍周转性经营投入的时候，已经分析过周转性经营资产和周转性经营负债循环发生的情况，在企业营业收入稳定、经营政策不变的情况下，今年与去年的营业收入不变，那么，今年年底的应收账款金额与去年年底的也基本相等，此时：

今年企业营业收入收到的现金＝今年收到去年年底的应收账款的现金＋今年的营业收入－今年年底的应收账款

从上述计算公式可以推导出：在企业营业收入稳定、经营政策稳定的情况下，营业收入一般会在当期收到现金。

在企业营业收入快速增长的情况下，即使在相同的信用政策下，企业的应收账款也会跟营业收入同比例增长，此时，可能会有比较多的营业收入没有收到现金。比如，企业去年的营业收入是 1.2 亿元，应收账款是 1 000 万元；今年的营业收入是 3.6 亿元，销售规模的增加使应收账款增加到 3 000 万元，但是去年的 1 000 万元应收账款在本年收到，因此相当于营业收入中有 2 000 万元没有收到现金。如果企业营业收入的增长主要是在下半年，甚至是在当年的 12 月，那么，会导致当年下半年甚至 12 月应收账款突然增加很多，从而当年有比较多的营业收入没有收到现金。但是，这种情况对于企业来说，可能是一个积极的信号：客户需求增加，企业销售规模增大，处于比较景气的市场行情中。

但是，营业收入没有收到现金，还很有可能是企业的现金流循环出了问题：企业为了增加销售采取了更宽松的客户信用政策，与客户陷入了商业纠纷，客户没有能力支付相应款项等。这个时候，一定要提高警惕。

此外，还有少数企业营业收入没有收到现金，是因为以营业收入抵了营业成本支出。比如，有些企业的营业收入收到的是客户的银行承兑汇票，此时，企业并没有收到营业收入的现金；在采购的时候，企业将银行承兑汇票转背书给供应商，此时，企业也没有支付采购原材料的现金。但是，在这种情况下，企业已经完成了整个业务循环过程，营业收入没有收到现金也是正常的。

综上所述，我们在看销售商品、提供劳务收到的现金的时候，一般其金额都应高于营业收入。如果出现相反的情况，应当分析原因并判断对企业的影响。

（二）经营活动产生的现金流量净额

企业的经济活动分为三大类：筹资活动、投资活动和经营活动。一般来说，筹资活动产生的现金流量净额有正有负、正负相间，投资活动产生的现金流量净额为负数，而经营活动产生的现金流量净额为正数——把投资活动流出的现金和经营活动流出的现金收回来，同时还要多出企业赚回利润的现金。

我们在看经营活动产生的现金流量净额的时候，可以按以下三种情形对企业的现金流状况做出判断。

第一种情形，经营活动产生的现金流量净额小于零。此时，企业不仅要在长期经营资产上投入现金，还要在经营活动中投入现金。在初创期或者快速成长期，企业需要不断在库存、应收款项上投入现金，这种情形尚属正常。但是，在企业经营稳定或者缓慢增长的情况下，经营活动产生的现金流量净额小于零就是一种比较危险的信号了。如果企业投资活动产生的现金流量净额为负数，经营活动产生的现金流量净额为负数，那么，这些负数的现金就只能消耗企业原先储存的现金或者筹资活动的外部"输血"，长此以往，企业的生存就成了问题。长期而言，企业经营活动产生的现金流量净额必须为正数，这样企业才能生存。打个比方，我们开饭店，前期购买场地、装修要花钱（投资活动），等饭店开张了，营业收到的现金还不够买食材、付水电气费和给员工开工资（经营活动），那这个饭店迟早要关门。

第二种情形，经营活动产生的现金流量净额等于零或者大于零，但是小于企业固定资产折旧、无形资产摊销、资产减值准备、信用减值损失等非付现成本费用。此时，企业销售商品、提供劳务收到的现金超过了购买商品、接受劳务支付的现金（料、费）和支付给职工以及为职工支付的现金（工），但是，没有把企业前期投入固定资产、无形资产等的现金收回来。这些前期投入资产也是要本金投入的，如果本金没有收回来，等到这些资产需要更新的时候，手里钱不够，企业就无法持续生存了。因此，这种情形比第一种情形好一点儿，企业可以存活的时间长一点儿，但最终还是无法持续经营。打个比方，我们全部用自己的钱开一家饭店，前期购买场地花了200万元，可以用20年（每年折旧10万元），装修花了20万元，可以用5年（每年折旧4万元），等饭店开张了，每年营业收到的现金超过买食材、付水电气费和给员工开工资的现金3万元，那么，5年以后，当饭店需要重新装修的时候，我们手里只有15万元现金，不够付20万元的装修费，饭店就只能停业了。如果前面的3万元改为4万元，那么5年后重新装修的时候我们手里有20万元现金，足够支付装修费，但是20年后我们没有足够的现金重新购买场地，饭店照样只能停业。

　　第三种情形，经营活动产生的现金流量净额大于企业固定资产折旧、无形资产摊销、资产减值准备、信用减值损失等非付现成本费用。此时，企业销售商品、提供劳务收到的现金超过了购买商品、接受劳务支付的现金（料、费）和支付给职工以及为职工支付的现金（工），在弥补企业前期投入固定资产、无形资产等的现金后，还有剩余。这是比较理想的情形，这些剩余的现金，就是企业的自由现金流。企业可以把自由现金流用于经营规模的扩张，也可以用于给股东现金分红。打个比方，我们全部用自己的钱开一家饭店，前期购买场地花了200万元，可以用20年（每年折旧10万元），装修花了20万元，可以用5年（每年折旧4万元），等饭店开张了，每年营业收到的现金超过买食材、付水电气费和给员工开工资的现金58万元，那么，扣除掉装修折旧4万元（预留出来以备5年后使用）和弥补场地折旧的10万元以后还有44万元的自由现金流。5年后，我们手里就有220万元的现金，可以再开一家一模一样规模的新饭店，有了两家饭店，相当于扩张为原来2倍的营业规模。

从经营活动产生的现金流量净额与净利润的关系看，两者之间的计算公式如下：

经营活动产生的现金流量净额＝净利润＋资产减值准备＋信用减值损失＋固定资产折旧、油气资产折耗、生产性生物资产折旧＋无形资产摊销＋使用权资产折旧＋长期待摊费用摊销＋处置固定资产、无形资产和其他长期资产的损失＋固定资产报废损失＋公允价值变动损失（减收益）＋财务费用＋投资损失（减收益）＋递延所得税资产减少＋递延所得税负债增加＋存货的减少（减增加）＋经营性应收项目的减少（减增加）＋经营性应付项目的增加（减减少）＋其他调整项目

从上述公式可以推导出来：对于经营型的企业来说，在经营规模和经营政策稳定的情况下（库存、应收款项、应付款项变化不大），如果投资收益和公允价值变动收益的金额不大（经营型企业的对外投资金额和金融资产金额都不太多，如果很多的话就成了投资公司），经营活动产生的现金流量净额应当大于净利润。因为经营活动产生的现金流量净额是净利润加上很多项目计算出来的。

当经营活动产生的现金流量净额小于净利润的时候，我们需要重点分析其原因，是企业投资收益、公允价值变动收益太多引起的，还是企业经营规模快速扩张、营业收入大幅增长引起的，还是企业现金流循环出了问题，以判断企业的现金流循环是否顺畅。

第二节　经营活动收回现金的速度

企业销售商品、提供劳务收到的现金越多越好。企业销售商品、提供

劳务收到的现金的多少，与企业通过经营活动收回现金的速度密切相关。企业收回现金的速度越快，就可以把生意规模做得越大。

企业收回现金的速度，可以用投资回收期、现金周期和经营资产现金周转速度这些指标来衡量。

一、收回长期经营资产的速度：投资回收期

前面介绍从现金看投资活动的时候，提到过投资回收期。

在做项目投资决策的时候，需要计算净现值、内含报酬率、投资回收期等指标。净现值是在决策时点预测的一个项目可以赚多少现金，内含报酬率是在决策时点预测的一个项目的回报率。投资回收期是指一个项目初期投入的现金经过多长时间能全部收回来，会计上有静态投资回收期和动态投资回收期。静态投资回收期是不考虑资金的时间价值时收回初始投资所需要的时间；动态投资回收期也称现值投资回收期，指按现值计算的投资回收期。

投资回收期越短，表示企业收回现金的速度越快。比如，企业投资 A 项目，初始投资为 10 亿元，建设期 2 年，投产后项目每年流入的现金净额为 2 亿元，按照静态投资回收期简单计算，A 项目收回 10 亿元所需要的时间为 7 年（2 年建设期 +5 年经营期）。

企业是由很多个投资项目组成的，这些项目的初始投资综合反映为企业的长期经营资产，而收回的现金净额反映为经营活动产生的现金流量净额。我们可以用下面的公式大致测算一家企业收回长期经营资产所需的时间：

长期经营资产的投资回收期 = 长期经营资产 / 平均每年经营活动产生的现金流量净额

长期经营资产＝固定资产净值＋无形资产净值＋在建工程＋开发支出＋长期待摊费用＋商誉＋其他非流动资产中的经营资产等

比如，一家企业的长期经营资产在 25 亿元左右，每年经营活动产生的现金流量净额在 4 亿元左右，那么，收回所有初期投入资金所需的时间大概为 6 年多一点儿。

长期经营资产的投资回收期，还有助于我们判断一家企业长期经营资产的风险。由于时间越长，企业面临的不确定性就越大，因此，投资回收期越长，企业的风险就越大。比如，A 上市公司长期经营资产的投资回收期为 10 年，然而，由于技术变化和环保要求，到第 6 年的时候，这些长期经营资产就要被淘汰，相当于初期投入的资金无法全部收回，损失了很大一部分。

二、收回周转性经营投入的速度：现金周期

企业通过经营活动收回现金的速度，还与周转性经营投入的现金周期密切相关。周转性经营投入的现金周期的计算公式如下：

周转性经营投入的现金周期＝存货周转天数＋应收款项收款天数－应付款项付款天数

周转性经营投入的现金周期越短，企业在经营环节需要投入的现金就越少——可以用相对较少的资金撬动更大规模的经营活动。有一些企业的现金周期为负数，比如，存货周转天数为 5 天，应收款项收款天数为 −30 天（要求客户提前预付货款），应付款项付款天数为 30 天（要求供应商给予 30 天的付款信用期），那么，企业的现金周期就为 −55 天。也就是说，企业不仅无须在经营活动环节投入现金，还可以产生长期沉淀在企业的现金。

　　我们可以通过企业前后期现金周期的比较，来判断企业周转性经营投入的现金使用效率变化情况。如果现金周期变长，需要分析是业务变化引起的，还是由于经营效率出现问题。

三、经营资产现金周转速度

　　企业的经营资产包括长期经营资产和周转性经营投入。因此，缩短长期经营资产的投资回收期和周转性经营投入的现金周期，就可以加快企业经营资产收回现金的速度。

　　我们可以用资产创造营业收入的能力来衡量资产周转速度，同样，我们也可以计算企业经营资产创造现金的能力，即经营资产现金周转速度：

　　经营资产现金周转率 = 销售商品、提供劳务收到的现金 / 经营资产

　　上述指标的含义是：企业投入 1 元的经营资产，可以通过经营活动收回多少元的现金。该比率越高，说明企业经营资产创造的现金流入越多，企业经营资产现金周转速度就越快。

　　我们也可以计算经营资产的现金回报率：

　　经营资产现金回报率 = 经营活动产生的现金流量净额 / 经营资产 ×100%

　　该指标越高，说明经营资产创造价值的能力越强，企业经营资产现金周转速度就越快。

　　我们通常用经营利润或者净利润计算资产的回报率。经营资产现金回报率的原理与利润口径的资产回报率（ROA）或净资产回报率（ROE）一样。但是，从企业经营循环终点的角度来看，利润并没有形成闭环，有可能有利润但是没有收回现金。因此，经营资产回报率相比资产回报率或净

资产回报率更进一步，可以帮助我们更好地分析和判断企业是否真正完成了现金流循环，获取了真金白银的回报。

第三节 自由现金流

一家企业销售商品、提供劳务收到的现金很多，经营活动产生的现金流量净额也很大，那么，这家企业是不是就一定赚钱了呢？如果赚钱了，到底赚了多少钱呢？

在看一家企业是不是赚钱的时候，大多数人的第一个想法就是去看看利润表里有多少利润。看利润多数时候是对的，但是还不够，然而，有时候看利润得出的结论也可能是错的。前面已经强调，利润和赚到手的现金之间可能会存在时点的不一致。从企业闭环管理的角度，企业只有把现金赚到手才能真正称为赚钱。正因为利润和赚到手的现金之间存在差异，所以才会有"黑字破产"的说法。所谓"黑字破产"，是指企业账面上有利润，但是没有现金，企业陷入缺乏现金的危机中，不能清偿到期负债而破产。

看一家企业是不是赚钱，要看它真正赚到手的现金，也就是自由现金流。

自由现金流作为一种企业价值评估的概念、理论、方法和体系，最早是由美国西北大学拉巴波特、哈佛大学詹森等学者于20世纪80年代提出的，经历20多年的发展，特别是在以美国安然、世通等为代表的之前财务报告中利润指标完美无瑕的所谓绩优公司纷纷破产后，已成为企业价值评估领域使用最广泛的指标之一。美国证监会要求在美国上市的公司年报中必须披露这一指标。

自由现金流有很多不同的定义。最常见的自由现金流定义是：自由现金流是企业产生的、在满足了再投资需要之后剩余的现金流量，这部分现金流量是在不影响公司持续发展的前提下可供分配给企业资本供应者的最大现金额。

按照上述定义，自由现金流计算公式为：

自由现金流 = 净利润 + 折旧、摊销 - 资本支出 - 营运资本增加

但是，我认为，上述定义和计算公式在分析企业是不是赚钱以及给企业估值的时候，存在着缺陷。

按照字面意思理解，自由现金流就是可以自由使用的现金，可以用来给债权人付利息或者给股东发红利，或者购买机器设备扩张规模，或者做慈善等，企业想怎么花就怎么花。但是，企业显然要首先保住最初的本金，赚回来的钱才能想怎么花就怎么花，企业如果用本金来发红利，把本金捐赠出去，那么，企业的本金就会越来越少，经营规模也会越来越小，甚至无以为继而破产清算。

我对自由现金流的定义是：自由现金流是企业在保住期初本金以后，本期赚到手的现金。自由现金流最本源的定义，是一家企业资本保全后多出来的现金，资本包括股权资本和债务资本。

在介绍我计算自由现金流的公式之前，需要先回顾一下第二章介绍的资本保全。资本保全是一个非常重要的概念，在算一家企业赚了多少钱的时候，首先要把企业的本金保住，然后多出来的才是企业赚到的现金。对于投资型上市公司，自由现金流就是在保住原先投资出去的本金后多出来的现金。对于经营型上市公司，自由现金流就是在保住本金（厂房、机器设备、原材料和人工等的投入）后多出来的现金。自由现金流的计算公式如下：

自由现金流＝经营活动产生的现金流量净额－资本保全支出＋取得投资收益收到的现金

上述自由现金流计算公式中，对于多数经营型上市公司，取得投资收益收到的现金不多甚至为0，主要是依靠经营活动赚回来的自由现金流。取得投资收益收到的现金对应的本金在计算投资收益时已经扣除，因此无须计算。经营活动产生的现金流量净额反映了上市公司通过经营活动收回来的现金情况，其中，原材料、人工的保本支出，已经在计算净额的时候，从"购买商品、接受劳务支付的现金"和"支付给职工和为职工支付的现金"中扣减掉。但是，大家要注意，还有一部分上市公司的本金也要考虑：在最初购建厂房、机器设备的时候花掉的本金。这部分本金就是资本保全支出。近似地计算资本保全支出的公式如下：

资本保全支出＝固定资产本期折旧＋无形资产本期摊销＋长期待摊费用摊销＋使用权资产折旧＋处置固定资产、无形资产和其他长期资产的损失＋固定资产报废损失＋资产减值准备（相当于这些资产的本金亏掉了）＋信用减值损失（相当于应收款项的本金亏掉了）

上述计算公式与常见的计算公式并不一样。常见的计算公式中用的是资本支出而不是资本保全支出。我们需要理解三个概念：资本支出、资本保全支出、资本扩张支出。资本支出是指企业为取得长期资产而发生的支出，这些长期资产通常包括资产负债表中的固定资产、在建工程、无形资产、开发支出、商誉、长期待摊费用、油气资产等，这些资产代表了一个企业的生产经营能力。资本保全支出是指企业为了维持其原有的生产经营能力而发生的资本支出，包括由于折旧摊销或非正常损耗、毁损引起的长期资产生产能力下降而需要重置长期资产的资本支出，该类支出不增强公司的生产经营能力。资本扩张支出是指企业为了获得更强的生产经营能力而发生的资本支出，包括增强生产能力的长期资产的改造、扩建、增置的支出，该类支出会增强公司的生产经营能力。资本支出与资本保全支出和资本扩张支出的关系是：资本支出＝资本保全支出＋资本扩张支出。在财务分析中，我们可以将现金流量表中"购建固定资产、无形资产和其他长期资产支付的现金"的金额作为公司资本支出的金额。

在企业的创立期和成长期，资本支出中的很大一部分用于扩展用途，资本扩张支出比较多。此时，如果我们在计算自由现金流的时候，直接用资本支出的话，很容易认为企业不赚钱而得出没有价值的结论。比如，A 企业 T_0 期（成立期）资本支出为 1 000 万元并形成了长期经营资产 1 000 万元（折旧摊销 10 年，每年 100 万元），T_1 期经营活动产生的现金流量净额为 300 万元（含 100 万元折旧摊销）。由于前景太好、太赚钱，T_1 期继续扩张经营规模，投入 1 000 万元形成了长期经营资产 1 000 万元（折旧摊销 10 年，每年 100 万元），同时更新替换 T_0 期长期经营资产 100 万元。按照资本支出口径计算的自由现金流为 −800 万元（＝300 万元 −1 000 万元资本扩张支出 −100 万元资本保全支出），但是其实 A 企业 T_1 期赚了 200 万元现金（＝300 万元 −100 万元资本保全支出）。

同样的道理，我们假设甲先生生活在上海，从 2000 年开始每年在扣除生活费后赚到手的现金为 100 万元（经营活动产生的现金流量净额），一直到 2020 年。甲先生每年到手 100 万元现金后，都在次年年初购买了价值 100 万元的房子（资本支出），那么，按照资本支出口径计算每年的自由现金流为 0（=100 万元经营活动产生的现金流量净额 −100 万元资本支出），也就是说这 20 年甲先生没有赚到钱。但是，这个结论显然是错误的，甲先生在这 20 年赚的钱是每年的 100 万元（=100 万元 −0 元的资本保全支出）+ 房产的升值。

自由现金流用于支付债务利息、扩张企业规模、给股东现金分红，或者什么都不干。自由现金流用于扩张企业规模，是企业内涵式发展；外部融资用于扩张企业规模，是企业外延式发展。企业用于支付债务利息、给股东现金分红的钱，必须来源于自由现金流，否则就是在消耗企业的本金，很容易陷入用新投资者的本金支付老投资者的本金的"庞氏骗局"陷阱。

我们经常听到企业做大做强的说法。做大，就是做大资产规模、收入规模；做强，就是做大利润和自由现金流。

优秀的企业能够与时俱进，保持持续进化与业绩增长。从财报的角度，企业增长的要求可以归纳为三句话：

- 收入的增长超过或同步资产的增长。
- 利润的增长超过或同步收入的增长。
- 自由现金流的增长超过或者同步利润的增长。

不忘初心，方得始终。"投入现金——……——收回更多的现金"就是企业的初心和使命。

我们在用自由现金流给企业估值的时候，需要注意：自由现金流包括了经营活动自由现金流和取得投资收益收到的现金的自由现金流。经营活动自由现金流取决于企业自身的经营活动，但是取得投资收益收到的现金的自由现金流要看被投资企业是否进行现金分红。我的建议是：在用自由现金流给企业估值的时候，用经营活动自由现金流估计经营资产的价值，用长期股权投资收益率判断长期股权投资的价值，将公允价值直接作为现金资产的价值。也就是：

企业的价值 = 经营资产价值 + 长期股权投资价值 + 现金资产价值